Bettina Rösler:

Der utopische Roman in der australischen Literatur des 20. Jahrhunderts

Literatur- und Medienwissenschaften Band 108

Bettina Rösler

Der utopische Roman in der australischen Literatur des 20. Jahrhunderts

Igel Verlag *Wissenschaft*

Bibliographische Information der Deutschen Bibliothek:

Die Deutsche Bibliothek verzeichnet diese Publikation in *Der Deutschen Nationalbibliografie*; detaillierte bibliographische Daten sind im Internet über *http://dnb.ddb.de* abrufbar.

Bettina Rösler:
Der utopische Roman in der australischen Literatur des 20. Jahrhunderts

1. Auflage 2008
ISBN 978-3-86815-034-6

© Igel Verlag GmbH, Hamburg, 2008 (www.igelverlag.com)
Alle Rechte vorbehalten.

1	Einführung	7
2	**Stellung der australischen Literatur**	9
2.1	Entwicklung der australischen Literatur	10
2.2	Australische Literatur an australischen Universitäten	19
2.3	Australiens Verlagswesen	21
2.4	Entwicklungsmöglichkeiten	24
3	**Utopie und Australien**	27
3.1	Australien als Schauplatz utopischer Literatur	28
3.1.1	Vor der Entdeckung bis zum Anfang der Besiedlung	28
3.1.2	Beginn der Besiedlung bis zum Ende der Sträflingstransporte	32
3.1.3	Die zweite Hälfte des 19. Jahrhunderts	36
3.1.4	Die 1890er	38
3.1.5	Nach der Föderation bis zum Zweiten Weltkrieg	42
3.1.6	Entwicklungen seit dem Ende des Zweiten Weltkrieges	44
3.1.7	Zwischenfazit	46
3.2	Australian Dream vs. American Dream	48
4	**Allgemeine Merkmale Utopischer Literatur**	53
4.1	Narrativität vs. Diskursivität	55
4.2	Charaktere	57
4.3	Konflikt Zivilisation vs. Natur	59
4.4	Gesellschaftskritik	60
5	**Einführung in Inhalte und Themen ausgewählter Texte**	63
5.1	Australischer Sozialismus und die Arbeiterbewegung	63
5.1.1	Werke	64

5.1.2	Historischer Hintergrund	69
5.2	Identitätssuche einer jungen Nation	72
5.2.1	Werke	73
5.2.2	Historischer Hintergrund	77
5.3	Xenophobische Tendenzen	86
5.3.1	Werk: *Below the Line* (1991)	86
5.3.2	Historischer Hintergrund	89
6	**Utopische Merkmale in den ausgewählten Texten**	**93**
6.1	Narrativität vs. Diskursivität	93
6.2	Charaktere	99
6.3	Konflikt Zivilisation vs. Natur	105
6.4	Gesellschaftskritik	113

7 Fazit   **118**

Literaturverzeichnis   **119**

Primärliteratur   119
Sekundärliteratur   119

1 Einführung

Terra Australis – Mundus Alter et Idem (1605)

Ganz im Sinne des oben genannten Romantitels von Joseph Hall, übersetzt ins Englische: *Another World and yet the Same*[1], wurde Australien, noch vor seiner Entdeckung durch die Europäer, oft als eine andere und dennoch dieselbe Welt wahrgenommen. Der unbekannte Kontinent auf der Südhalbkugel beflügelt seit jeher die Phantasie der Menschheit. Ganz der menschlichen Natur entsprechend, immer nach einem besseren Leben zu streben, beschäftigten sich bereits Philosophen der Antike mit utopischen Ideen (Spies 2000, 223). Australien als ein Land, dessen Existenz zwar vermutet, jedoch lange Zeit nicht bewiesen war, bot für alternative Gesellschaftsentwürfe in Form von utopischen Texten eine ideale Projektionsfläche.

Das Ziel dieser Arbeit ist, das Zusammenspiel zwischen dem spezifisch Australischen und dem klassisch Utopischen zu analysieren. Zum einen soll aufgezeigt werden, welche Elemente ausgewählter Utopien australischer Schriftsteller charakteristisch für Australien sind. Als zweites Anliegen gilt es, klassisch utopische Merkmale dieser Werke herauszufiltern.

Werke australischer Autoren sind weitestgehend unbekannt. Um die möglicherweise unterschätzte Stellung der australischen Literatur zu verstehen, ist zunächst eine allgemeine Einführung in die australische Literaturlandschaft notwendig. Im zweiten Kapitel der vorliegenden Arbeit folgt dem Überblick über die Entwicklung der Literatur Australiens ein Einblick in die Situation der australischen Literaturwissenschaften an Hochschulen und im Verlagswesen des Landes.

Darauf aufbauend wird im dritten Kapitel das Verhältnis von Utopie und Australien betrachtet. Dem geschichtlichen Abriss hinsichtlich utopischen Denkens in und über den Kontinent Australien folgt in diesem Abschnitt ein Vergleich zwischen den beiden Phänomenen *Australian Dream* und *American Dream*.

Bevor die klassisch utopischen Elemente australischer Utopien in Kapitel 6 näher analysiert werden können, wird in Kapitel 4 zunächst

---

[1] Das von John Healey erstmalig ins Englische übersetzte Werk wurde unter dem Titel *The Discovery of a New World* (1609) veröffentlicht (Wands 1981, xv).

ein Überblick zu den allgemeinen Merkmalen utopischer Literatur gegeben. Hierbei wird auf das Verhältnis von Narrativität zur Diskursivität, die Charakterisierung utopischer Figuren, den Konflikt zwischen Zivilisation und der Natur des Menschen sowie auf Gesellschaftskritik in utopischen Texten eingegangen. Die inhaltliche und thematische Einführung in die ausgewählten australischen Utopien, welche in Kapitel 6 analysiert werden, erfolgt in Kapitel 5. Neben der inhaltlichen Vorstellung der Werke wird zur Hervorhebung des spezifisch Australischen der Schwerpunkt auf den historischen Hintergrund gelegt. Abschließend werden in Kapitel 7 die Ergebnisse der Analyse zusammen gefasst.

2 Stellung der australischen Literatur

> *„Australian books appear briefly, disappear rapidly,*
> *and stay out of print interminably."*
> (Hassall 2001, 90)

Auf die Frage nach einem bekannten australischen Schriftsteller können nur wenige Menschen eine Antwort geben. Warum ist über australische Literatur so wenig bekannt? Warum ist es schwer, australische Autoren im Buchhandel und Bibliotheken zu finden? Joussen (1994) weist beispielsweise darauf hin, dass zwar genügend australische Werke ins Deutsche übersetzt würden, jedoch selten in den hiesigen Bücherregalen anzufinden seien (127). Und selbst im englischsprachigen Ausland herrsche kaum ein angemessenes Angebot an Werken australischer Schriftsteller (127). Um die Ursachen dafür zu ergründen, muss man einen Blick auf die Entwicklung der Literatur des Kontinents werfen. Die australischen Universitäten als Zentren der Literaturkritik und das Verlagswesen als Medium der Verbreitung spielen ohne Frage eine große Rolle in der Entstehung und der Herausbildung einer eigenständigen australischen Literatur. So fasst Alomes (1988) zusammen:

> The colonial economics of writing and publishing, the cultural cringe assumption of the inferiority of colonial products and the anglophile values of the schools, the universities and other cultural institutions did not augur well for indigenous achievement. The virtual absence of Australian heroes and the Australian past in school curricula was another form of colonial culture, denying historical memory to the settler colony. (29)

Welche Entwicklungen in jenen Bereichen haben die heutige verhältnismäßig schlechte Stellung der australischen Literatur bedingt? Gibt es möglicherweise Konzepte und Vorstellungen zur Weiterentwicklung und Statusverbesserung der Literaturwissenschaften Australiens? Ziel des folgenden Kapitels ist, sich diesen Fragestellungen zu nähern.

2.1 Entwicklung der australischen Literatur

Wie viele andere Überseekolonien auch hat Australien und somit die australische Literatur verschiedene Entwicklungsstufen durchlaufen. Immer wieder versuchen sich Literaturwissenschaftler an Periodisierungsentwürfen, welche die australische Literatur übersichtlich kategorisieren sollen. Diese Versuche werden von Kritikern nicht selten als unbefriedigend eingeordnet (vgl. Grattan 1974, 233; Prießnitz 1987, 62). Meistens bauen diese Modelle auf unterschiedlichen Kriterien auf. Moore (1971) unterteilt die australische Literaturgeschichte grob in drei Phasen – die koloniale, welche er vom Beginn der Besiedlung bis circa 1880 ansetzt, die nationale, ab der Gründung des Literaturjournals *Bulletin*[2] bis zum Ausbruch des Ersten Weltkriegs 1918 und die moderne Phase (13). Im Vergleich dazu verzichtet Heseltine (1962) auf die klare Abgrenzung der Phasen durch Jahreszahlen und erklärt lediglich die Entwicklung der australischen Gesellschaft und dadurch letztendlich auch der Literatur Australiens:

> First of all there is likely to be a period of imitation of the models provided by the parent civilization; this is likely to be followed by a period of intense and sometimes acrimonious debate between the forces of nationalism and those which continue to pay homage to the imperial source; for a time nationalism will appear to be triumphant; but as pre-condition to full maturity, nationalism must suffer rejection and be replaced by a sense of nationhood which is assured and unselfconscious [...]. (37)

Heseltine (1962) nennt Dichter wie Harpur, Kendall und Gordon[3] als beispielhafte imitierende Vertreter (37). Weiterhin ordnet er Schrift-

---

[2] Die sogenannte 'Bibel des Buschmanns', das *Bulletin* wurde 1880 von J.F. Archibald gegründet und existiert noch heute, allerdings als Nachrichtenmagazin. Obwohl es schon damals eher ein kommerzielles Wochenblatt als ein Literaturmagazin war, wurde dem *Bulletin* eine bedeutende Rolle in der Herausbildung einer eigens australischen Kultur und Literatur zugesprochen. Erstmals wurden nationale australische Interessen thematisiert, oft mit den Mitteln der Satire und Karikatur. (vgl. Schulz 1960, 38-9; Webby 2000, xiii)

[3] Charles Harpur (1813-68) wird als der erste bedeutende Dichter Australiens genannt. Der Sohn irischer Sträflinge war weniger für seine satiri-

steller wie Lawson oder Furphy[4] in die nationale Phase ein. Obwohl die Literatur des 20. Jahrhunderts viel ausgeglichener geworden sei, befinde sich Australien noch immer im Entwicklungsprozess. (vgl. Heseltine 1962, 37)

Diese beiden Entwürfe basieren prinzipiell auf einer sehr ähnlichen Grundlage und werden oft durch detaillierte Konzepte ergänzt. So wird die frühe koloniale Phase von Gibson (1984) in drei weitere Abschnitte unterteilt, welche die ersten drei Jahrzehnte der Besiedlung Australiens als eine Phase der objektiven Berichterstattung von Kolonialisten und Wissenschaftlern ansieht. Danach folgen die Jahre der Amateurschriftsteller, 1800 bis 1835, und schließlich die immer noch eher beschreibende, jedoch zunehmend symbolische Erforscherliteratur bis zur Mitte des 19. Jahrhunderts. Weiterhin fasst Gibson (1984) zusammen:

> All of the writing about Australia prior to 1850 is concerned with attaining some integration between the mere description of an alienating world and the impression of character on an environment as the self 'absorbs' the new land trough experience. (xv)

In jenen frühen Jahren bestand noch keine Nachfrage an australischer Literatur. Es existierte keine nennenswerte Leserschaft, denn die Kolonialherren setzten sich nicht sonderlich für die Bildung der Sträflinge und ihrer Nachkommen ein. Damals wurde es als sicherer erachtet, die niederen Klassen unwissend zu halten. Literatur wurde hauptsächlich als Mittel verstanden, die in England zurückgelassenen, zivilisierten Werte und Einstellungen zu übermitteln. Die ersten Jahre der jungen Kolonie wurden oft als sehr prägend für die nachfolgenden

---

schen Werke bekannt, als für seine Liebesgedichte. Henry Kendall (1841-82) wird zusammen mit Adam Lindsay Gordon (1833-70) als Pioniere der australischen Dichtung angesehen. (vgl. Schulz 1960, 173-8; Webby 2000, 58-60)

[4] Henry Lawson (1867-1922) wird häufig zu den bekanntesten und beliebtesten Schriftstellern Australiens gezählt. Als nationaler Vorzeigeschriftsteller der 'Bulletin-Richtung' „war er der literarische Ausdruck aller jener Kräfte, die damals in der jungen Zivilisation des Kontinents stürmisch zur Gestaltung drängten" (Schulz 1960, 40). Als weiterer Schützling des Bulletin wäre der radikal nationale Joseph Furphy (1843-1912) zu nennen. (vgl. Schulz 1960, 40-52; Clancy 1992, 34-6/74-7)

Perioden interpretiert. Meist wird mit dem Ende der Sträflingsdeportation 1852 der Beginn einer neuen Phase literarischen Schaffens verbunden. (vgl. Grattan 1974, 235; Bennett 1976, 110-1; White 1981, 22; Gibson 1984, xv)

In der zweiten Hälfte des 19. Jahrhunderts bildeten sich erste Gruppen von Intellektuellen heraus und wurden schriftstellerisch aktiv. Zunächst galt das Interesse von Schriftstellern, wie zum Beispiel Marcus Clarke (1846-81) oder Price Warung (1855-1911), der Brutalität des Systems gegenüber Sträflingen. Dieses dunkle Element australischer Vergangenheit ist ein wichtiger Bestandteil der Landesgeschichte und hatte in nachvollziehbarer Weise Auswirkungen auf die literarische Entwicklung der Nation. In jene Zeit fällt auch der Goldrausch, der jedoch in Australien nicht annähernd von so großer Bedeutung war wie in Amerika. Wirtschaftlich gesehen war das Ende des 19. Jahrhunderts eine Periode des ungleichmäßigen Aufschwungs. Etwas mehr Einfluss auf die australische Gesellschaft und somit auch auf die Literatur hatte die aufkommende sozialistische Arbeiterbewegung. Im Zuge der Industrialisierung gründeten sich zunächst in Großbritannien immer mehr Gewerkschaften, um für die Rechte der Arbeiter einzustehen. In Australien bildeten sich ähnliche Bewegungen heraus, die oft direkte oder indirekte Unterstützung von engagierten australischen Schriftstellern erhielten[5]. (vgl. Moore 1971, 42-5; Grattan 1974, 237; White 1981, 27)

Am stärksten war die Literatur des ausgehenden 19. Jahrhunderts durch erste Versuche Australiens gekennzeichnet, sich aus seiner *cultural inferiority* zu lösen und eine eigene australische Identität zu kreieren. Dies wird auch in der Gründung nationalistischer Journale deutlich, wie etwa des *Bulletin*, welches das Herausbilden einer nationalen australischen Literatur sowie eine nähere Definierung eines nationalen Charakters anstrebte. Vor allem aufgrund dieser nationalistischen Tendenzen wurden australische Werke lange Zeit als *low culture* oder Populärliteratur betrachtet. Kaum ein Kritiker, egal ob einheimisch oder international, hätte für damalige Werke das Prädikat *high culture* vergeben (Carter 1999, 147). Auch Moore (1971) merkt an, dass „the presence or absence of national values – was used to make judgements on literature" (8). Jedoch betont er auch, dass dieses

---

[5] vgl. hierzu auch Kapitel 5.1.2

(Nicht-)Vorhandensein ein irrelevantes Kriterium sei, um den Wert literarischer Werke zu bestimmen. (vgl. Moore 1971, 8; White 1981, 64; Stilz 1990, 477-8)

Die zweite Phase australischen literarischen Schaffens wurde, laut Moore (1971), durch den Ersten Weltkrieg beendet:

> [It] had broken down the Australian dream of a self-contained community developing in isolation from the rest of the world, and taken Australia willy-nilly into the modern age with all its problems and complexities. (13)

In der australischen Literatur ließ sich zu jener Zeit ein zunehmend internationaler Trend erkennen. Mit dem Ende der nationalen Phase setzte langsam eine professionelle Auseinandersetzung mit australischen Werken ein. Den Durchbruch der ernsthaften Australienstudien datiert er jedoch auf die Mitte des 20. Jahrhunderts, was vor allem eine Reihe von Neugründungen von Literaturmagazinen verdeutlicht[6]. Außerdem fanden Lesungen des *Commonwealth Literary Fund*[7] zwischen 1940 und 1949 statt, und eine öffentliche Debatte um die Rolle und den Wert von Australienstudien an Universitäten setzte ein (1950-59)[8]. Letztendlich hatten sich Australienstudien zwar vermehrt und spezialisiert, waren jedoch kaum mehr öffentliches Thema in den Jahren 1960 bis 1975. Zudem ist es eine Zeit, in der sich Intellektuelle erstmals außerhalb der dominanten Kultur sahen, konventionelle Werte ablehnten und die Regierung kritisierten. (vgl. Moore 1971, 13-4; Bennett 1976, 114/152; Dale 1999, 132-4)

Die Literatur- und Kunstszene der 1970er wurde sehr stark von *Whitlams New Nationalism*[9] geprägt. Dieser Entwicklung standen Schriftsteller zwar oft kritisch gegenüber, jedoch wurde die Kritik

---

[6] *Southerly* (1939), *Meanjin* (1940), *Overland* (1954), *Quadrant* (1956), *Westerly* (1956), *Australian Letters* (1958-68) und *Australian Literary Studies* (1963) (Bennett 1976, 114).

[7] *Commonwealth Literary Fund* wurde 1968 vom *Literary Arts Board* ersetzt und 1973 wieder einberufen unter dem Namen *Australia Council's Literature Board*, welches 1996 umbenannt wurde in *Literature Fund*. Die Organisation gibt Stipendien an Schriftsteller, Verlage und Literaturzeitschriften. (vgl. Bird 2000, 183-4)

[8] In dieser Zeit gibt es zahlreiche Diskussionen über den Sinn der Forschung in Australienstudien, oft mit gespaltenen Ansichten (Bennett 1976, 116-7).

[9] vgl. hierzu auch Kapitel 5.1.2 und 5.2.2

meist falsch interpretiert. Zahlreiche Werke wurden aufgrund ihrer starken *Australianess* bejubelt: „[T]he figure of the 'Ocker' originated as a satire on Australian boorishness, but became an affectionate tribute to the national identity" (White 1981, 170)[10]. Natürlich wurde im Zuge dieser wiederkehrend nationalen Entwicklung die Diskussion um den Wert dementsprechender Literatur erneut entfacht. Dale (1999) interpretiert diese Tendenz vor allem als massive Anstrengung, sich von der englischen Literatur zu lösen (135)[11]. Deswegen waren viele australische Autoren sehr mit der Neudefinierung des Nationalen beschäftigt und vernachlässigen damit oft das Literarische. Außerdem kritisiert Dale (1999) die

> [...] tendency of Australianists to isolate [themselves] from *literary* studies as a field, and to think in terms of cross-disciplinary links within the boundaries of 'nation' rather than intra-disciplinary ones across national borders [...], (133)

was zu einem gewissen Mangel an Tiefe führe und somit kein internationales Interesse erwecke. Ist die Literatur Australiens über die Landesgrenzen hinaus relevant? Dale ist ein Vertreter der Kritiker, welche dieses Element als wichtigen Prüfstein für die positive Entwicklung australischer Literatur empfinden. Dagegen gibt es auch Meinungen, die das Streben nach internationaler Anerkennung unbedeutender einstufen und das nationale, als eines der wichtigsten und am wenigsten zu vernachlässigende Konzept ansehen. Dennoch ist es nicht das einzige. Selbst Anfang des 21. Jahrhunderts hat die australische Literatur noch nicht den Status erlangt, den australische Literaturwissenschaftler als angemessen erachten. Abgesehen von der ohnehin problematischen Selbstbehauptung australischer Literatur kommt in der heutigen Zeit zusätzlich das allgemeine Desinteresse gegenüber Geis-

---

[10] Der Begriff 'Ocker' ist ursprünglich australischer Slang und beschreibt den unkultivierten Australier sowie dessen Art sich zu artikulieren. Die Figur des 'Ocker' entwickelte sich zeitweise zu einem Symbol der australischen nationalen Identität und verkörperte den Prototypen der jungen, weißen, männlichen Mittelklasse Australiens. (vgl. Carroll 1995, 22; Jacobson 1990, 138)

[11] Die Entwicklung und Emanzipation der australischen Literaturwissenschaft ist außerdem Teil einer damaligen, übergreifenden Strategie der australischen Kulturdefinierung, mit beabsichtigter Abtrennung von englischer Kultur (Dale 1999, 135).

teswissenschaften hinzu. (vgl. White 1981, 169-70; Carter 1999, 144/150; Dale 1999, 133/135; Castro 2005, 5-6)

Exkurs: Aboriginals und australische Literatur

Die ersten heutzutage bekannten Kontakte zu den Ureinwohnern Australiens hatten die frühen Entdecker William Dampier und James Cook. Dabei entwickelte Dampier dieselbe Geringschätzung für die Aboriginals, welche er als Wilde empfand, wie für das Land Australien an sich. Der eher wissenschaftlich orientierte Cook hingegen war fasziniert.[12] (vgl. Prießnitz 1982, 52)

Das Image der australischen Aboriginals hat sich anders entwickelt als etwa das der Indianer Nordamerikas. Die Gründe hierfür liegen vorrangig in der unterschiedlichen Eroberung beziehungsweise Besiedlung beider Kontinente. So war die Kolonialisierung Australiens nicht im traditionellen Sinne eine Eroberung, da die Aboriginals gutgläubig genug waren, ihre Eroberer willkommen zu heißen. Alle anschließenden Entwicklungen waren inoffiziell, es gab keine offizielle Belagerung oder ähnliches. Australien wurde lediglich zur *terra nullius* erklärt, einem „empty land available for grabbing" (Poppenbeek 1994, 34). Sprach man sich zwar zunächst für die menschenwürdige Behandlung der Eingeborenen aus, scheiterte dieses Vorhaben jedoch oft an Missverständnissen aufgrund zu verschiedener kultureller Hintergründe. (vgl. Prießnitz 1982, 52; Poppenbeek 1994, 34-9)

Zunächst bildete sich angesichts ihrer mangelnden Zivilisiertheit das Image der Aboriginals als Tiere heraus:

> The link between the monkey and the man was thought by many to be the Australian Aborigine, for no better reason than that he seemed to be furthest from European civilisation, which in their arrogance they assumed to be the highest imaginable form of human life. (White 1981, 8)

Tatsächlich wurde in den ersten Jahren der Besiedlung geglaubt, dass das Übermitteln der christlichen Zivilisation von den Ureinwohnern dankbar angenommen werden müsste. Als dies jedoch nicht eintrat und sich sogar die Anzahl der Aboriginals in den ersten Jahren rapide verringerte, wurde von den weißen Siedlern angenommen, die Urein-

---

[12] vgl. hierzu auch Kapitel 3.1.1

wohner wären von Gott nicht gewollt. Charles Darwins Evolutionstheorie[13] schien der ganzen Problematik den entscheidenden Beweis zu liefern und es wurde allgemein angenommen, die Aboriginals seien eine zum Aussterben bestimmte Rasse. Derartige Entwicklungen stellten für zahlreiche Wissenschaftler und Forscher eine greifbare Bestätigung für den Fortschritt dar – dem Triumph der Zivilisation über die Wildnis[14]. (vgl. Reynolds 1974, 307-9; White 1981, 11; Poppenbeek 1994, 34-9)

Das Image der Wilden war jedoch nicht für alle Zeitgenossen derartig negativ und in bestimmten Kreisen entwickelte sich die Bezeichnung *noble savage*[15]. Vor allem in den Jahren 1770 bis 1850 waren wissenschaftliche Studien stark geprägt von Auseinandersetzungen mit der „nature of humanity"[16] (Gibson 1984, 142). Der daraus resultierende Kult war jedoch weniger wissenschaftlich als philosophisch und regte viele Diskussionen über die Zivilisation an. So herrscht beispielsweise in einigen Kreisen die Ansicht vor, dass das simple, jedoch wahrhafte Leben der *noble savages* durch die Zivilisation zerstört wurde. In diesem Sinne wurde das Urvolk Australiens zum Studienobjekt für „criteria of popular concepts of noble savagery and human perfectibility" (Gibson 1984, 146). Die widersprüchliche Ansicht über australische Ureinwohner, die sich auch in ihrer Bezeichnung als 'edle Wilde' widerspiegelt, war bereits in den fantastischen Abenteuern von Jona-

---

[13] Darwins Werk *On the Origin of Species* wurde 1859 veröffentlicht und hatte einen bedeutenden Einfluss auf die grundlegenden Ansichten der damaligen Gesellschaft (Prießnitz 1982, 55).

[14] „Being close to Nature (Western culture tends to insist on a distinction between humans and natural world) once had its disadvantages. Aboriginal people were considered to occupy the lower rungs of the human evolutionary ladder, which, last century and earlier this century, justified the destruction of much Aboriginal culture in the inevitable march of 'civilisation'" (O'Donoghue 1991, 20).

[15] Natürlich gab es auch Gegner dieser Begriffsfindung: „The evangelicals condemned the idea of the noble savage because it implied that there were men who had escaped the fall. In their interpretation of the Bible, natural man was brutish and unregenerate, lacking shame and moral sense" (White 1981, 13).

[16] Gibson (1984) nennt Beispiele wie „Rousseau's social philosophy; the French Revolution; Lyell's geology; Linnaean biology and tentative theories of evolution" (142).

than Swift und Daniel Defoe anzutreffen[17]. Beide Schriftsteller hatten zum einen von „unwelcoming primitives", aber des Weiteren auch von „well-provided societies" berichtet (Gibson 1984, 142). (vgl. Gibson 1984, 141; Poppenbeek 1994, 34-9)

Auch später entwickelte sich die Darstellung der Aboriginals in der Literatur ganz gemäß jener vorherrschenden Stereotype[18]. Zu Beginn der Besiedlung gibt es jedoch nur wenige Werke, welche überhaupt Szenen mit Aboriginals beinhalten. Nur wenige Schriftsteller verfolgten ein ernsthaftes Interesse jenseits der üblichen Verspottungen. Das Image der Eingeborenen wurde auch oft als *distancing device* genutzt[19]. Ende des 19. Jahrhunderts waren Aboriginals höchstens in stereotypen Rollen vertreten. Durch „Goldfunde und Nationalismus war das weiße Australien so sehr mit sich selbst beschäftigt, daß es die Ureinwohner beinahe vergaß" (Prießnitz 1982, 64). (vgl. Prießnitz 1982, 62; Gibson 1984, 141)

Die Ansichten über überlegene Rassen hatten fatale Auswirkungen, welche teilweise bis ins 20. Jahrhundert hineinreichen. Weitestgehend wurde davon ausgegangen, dass es sich bei den Aboriginals um eine aussterbende Rasse handelt. Erst Anthropologen setzten sich Anfang des 20. Jahrhunderts für den Erhalt und Schutz der Ureinwohner des Kontinents ein. Vor allem anthropologische Studien über das Wesen der Ureinwohner veränderten die allgemeine Einstellung der Bevölkerung. Das *Jindyworobak Movement* wird häufig als ein Beispiel auf dem Weg in eine positive Auseinandersetzung mit dem Urvolk genannt. Es handelt sich dabei um eine

> lyrische Bewegung zwischen 1930 und 1940, die sich auf der Suche nach geistigen Leitideen vom krisengeschüttelten Europa ab- und der uralten Kultur der australischen Ureinwohner als poetischer Inspirationsquelle zuwandte. [...] Freilich ging es [...] weniger um eine echte Synthese beider Kulturen als vielmehr um eine Anreicherung der weißen Nationallite-

---

[17] vgl. hierzu auch Kapitel 3.1.1
[18] An dieser Stelle sollte auch betont werden, dass es eine unglaubliche lokale Vielfalt in der Aboriginal-Kultur gibt. Dennoch wurde immer nur eine uniforme Aboriginal-Kultur dargestellt. (vgl. O'Donoghue 1991, 21)
[19] „Civilised people could feel contented that they had successfully eradicated savagery from their constitutions by comparison with genuine barbarity in a foreign wilderness" (Gibson 1984, 158).

ratur mit Anleihen aus der Ideenwelt der Schwarzen. (Prießnitz 1982, 67)

An dieser Stelle wird klar, dass es noch ein weiter Weg für eine wirkliche Auseinandersetzung werden würde. Dies unterstützen auch weitere Fakten, denn erst im Jahre 1951 erhielten die Aboriginals das volle Bürgerrecht und nicht eher als 1967 wurde begonnen, sie in Erhebungen und Volkszählungen zu berücksichtigen[20]. (vgl. Prießnitz 1982, 55-6)

Das Verhältnis zwischen weißen Australiern und Aboriginals scheint auf lange Zeit von Vorurteilen beider Seiten bestimmt. Die Grundansichten der westlichen Kultur unterscheiden sich massiv von denen der Aboriginals und eine Verknüpfung beider Gesellschaftsformen gestaltet sich äußerst kompliziert. Jedoch zeigt sich seit den 1970ern eine zunehmende Emanzipation der Aboriginals, was sich vor allem in der künstlerischen Selbstdarstellung der Ureinwohner Australiens ausdrückt. Häufig werden diese meist autobiographischen Bekundungen von weißen Australiern unterstützt und sind durch ein stark sozialkritisches Engagement gekennzeichnet. Attebery (2005) sieht diese erste wirkliche Bewegung in der Aboriginal-Literatur nur als kurzen hoffnungsvollen Moment, welcher schon wieder vorüber sei (387). Anfang des 20. Jahrhunderts befinden wir uns im *Troubled Now*:

> In a very short time the intellectual climate shifted from dismissal of Aboriginal culture to extolling its richness, and thence to condemning the exploitation of Aboriginal traditions by anyone not born to them. (Attebery 2005, 397)

Für viele begründet sich diese unzufriedenstellende Situation der Aboriginal-Literatur in der ungeklärten Situation der Ureinwohner. So gab es beispielsweise bis heute keine offizielle Entschuldigung für die unfreiwillige Enteignung der australischen Ureinwohner seitens einer australischen Regierung. (vgl. Prießnitz 1982, 59-69; Carter 2000, 65; Attebery 2005, 387-97)

---

[20] Damals wurde in einem Volksentscheid zur Verfassungsänderung von der weißen Bevölkerung entschieden, dass es auch Sozialgesetze zugunsten der Ureinwohner geben solle (Prießnitz 1982, 56).

Abgesehen von einem neuen Interesse und Respekt gegenüber australischer Ureinwohner[21], werden die Merkmale der Aboriginal-Kultur häufig verallgemeinert: „[W]e were, and are, poor in material goods, but rich in spirit. We are seen as essentially more humane, though technologically inferior" (O'Donoghue 1991, 21). Viel hängt natürlich davon ab, wie die Gemeinschaft die Aboriginals wahrnimmt. Erst dann kann für die Ureinwohner Australiens ein angemessener Platz in der australischen Gesellschaft geschaffen werden. Es wird von vielen Seiten zunehmend darauf verwiesen, dass die Klärung der Aboriginal-Problematik eines der Hauptanliegen der australischen Nation ist[22]. (vgl. O'Donoghue 1991, 21-2; Gungwu 1994, 234)

2.2 Australische Literatur an australischen Universitäten

Die Gründung der ersten Universitäten setzte in Australien verhältnismäßig spät ein. 1850 wurde die University of Sydney und drei Jahre später die University of Melbourne gegründet[23]. Diese ersten Universitäten waren vor allem lehrende Institutionen und weniger an Politik interessiert. Ebenso gering war das Interesse daran, in irgendeiner Weise eigene australische Kulturstudien zu betreiben. Einigen Akademikern war es möglich, sich einen internationalen Namen mit Studien über berühmte europäische Dichter und Schriftsteller zu machen. Jedoch wurden kaum Versuche unternommen, den Einfluss und die Relevanz derartig bedeutender Werke auf die australische Gesellschaft und Kultur zu thematisieren. Somit entwickelten sich die ersten Universitäten Australiens hauptsächlich zu Vermittlern importierten Wissens. Dies geschah oft auch durch importierte Lehrkräfte, die der

---

[21] Vor allem im Zuge der letzten Entwicklungen, beispielsweise Naturkatastrophen oder ähnliches, wird die Aboriginal-Kultur aufgrund ihrer Naturbezogenheit immer interessanter für die westliche Kultur. Es gibt zahlreiche Forschungen, die ergründen, wie neue Denkansätze in westliche Ideale einzubringen sein könnten. (vgl. O'Donoghue 1991, 21-2)

[22] vgl. hierzu auch Kapitel 5.2.2

[23] Das sind circa 70 Jahre nach Beginn der Besiedlung. In anderen Kolonien wurden erste Universitäten viel früher gegründet. So wurde Harvard 1636 gegründet, nur sechzehn Jahre nachdem die Gegend um Boston besiedelt wurde. (vgl. Grattan 1974, 237)

Entwicklungen einer eigens australischen Literatur wiederum uninteressiert oder gar feindselig gegenüber standen. (vgl. Grattan 1974, 236-8)

Den Studenten jener Universitäten wurden in den 1920ern und 1930ern erstmals vereinzelt australische Texte präsentiert und in den 1940ern gab es das erste Seminar über australische Literatur in Adelaide (Dale 1999, 134). Der erste vollständige Studiengang zu Australienstudien wurde 1955 in Canberra angeboten (Bennett 1976, 107). Offensichtlich wurden Australienstudien lange Zeit an australischen Hochschulen vernachlässigt. Im Allgemeinen werden die Jahre 1960 bis 1975 als Periode der hauptsächlichen Entwicklung von australischen Literaturstudien angesehen[24]. Dennoch haben bis 1975 nur sechs von achtzehn australischen Universitäten Australienstudien als Hauptfach anboten. Dies ist ein Hinweis darauf, dass diese Studienrichtung zu jenem Zeitpunkt noch nicht ernsthaft etabliert war. Generell wurden kaum Kurse angeboten, die einen allgemeinen Überblick über die australische Literatur schafften, sondern meist thematisch orientierte Seminare und Vorlesungen. Dementsprechend wurde australische Literatur damals zwar behandelt, die literaturwissenschaftlichen Studien befassten sich jedoch lediglich mit der kolonialen Phase australischen literarischen Schaffens. Ein weiteres Problem war zudem die oft negative Einstellung akademischer Angestellter gegenüber der australischen Literatur, aufgrund des kaum vorhandenen nationalen Selbstwertgefühls[25]. Folglich wirkte sich jenes mangelnde Engagement auch auf das Interesse und die Einstellung der Studenten aus. (vgl. Bennett 1976, 106-7/125/153)

Selbst im 21. Jahrhundert scheint die australische Literaturwissenschaft einen schlechten Stand an australischen Universitäten zu haben. In Zeiten, in denen selbst etablierte Literaturen den Wert für die Gesellschaft zu verlieren scheinen, hat eine junge und gemeinhin als unbedeutend geltende Literatur, wie beispielsweise die australische, einen schweren Stand. Diese allgemein schlechte Lage der Literatur an Universitäten kommt zu einem ungünstigen Zeitpunkt für die australische Literatur. Die Zeit der ernsthaften Entwicklung von australischen

---

[24] In diese Zeit fallen viele Neugründungen von Universitäten und 1974 wurden sogar zeitweilig die Studiengebühren abgeschafft (Bennett 1976, 123).

[25] vgl. hierzu auch Kapitel 5.2.2

Literaturstudien fällt mit einer Tendenz der Literaturwissenschaften zusammen, sich zunehmend mit theoretischen Texten zu beschäftigen – natürlich auf Kosten literarischer, speziell australischer Texte. (vgl. Hassall 2001, 89-90)

2.3 Australiens Verlagswesen

Schaut man sich das Verlagswesen Australiens heutzutage an, muss man feststellen, dass es weitestgehend in internationaler Hand ist. Das war nicht immer so. In die damalige Hochphase der Herausbildung eigenständiger australischer Literaturwissenschaften und Australienstudien fällt auch der Erfolg vieler unabhängiger australischer Verlage. Diese wurden jedoch in den letzten Jahrzehnten aufgelöst (zum Beispiel La Trobe University Press, Sydney University Press[26] und Outback Press) oder übernommen von ausländischen Verlagen wie Penguin, Longman oder Macmillan. Nur wenige einheimische Verlage, wie etwa die University of Queensland Press oder Hyland House, haben überlebt und veröffentlichen weiterhin vor allem literaturwissenschaftliche Werke. Einige davon haben ihre Veröffentlichungen auf spezielle Gebiete ausgerichtet[27]. Nur sehr selten werden Verlage neu gegründet, welche dann wiederum eher lokale Interessen vertreten und kaum an der internationalen Verbreitung ihrer Literatur interessiert sind. (vgl. Wilding 1999, 57)

Obwohl es seit den 1970ern Fördermittel vom *Australia Council's Literature Board* gab, ist es offenbar nicht gelungen, ein gesundes, unabhängiges und nationales Verlagswesen zu erschaffen[28]. Um diese Situation besser zu verstehen, muss man sich das Verlagswesen welt-

---

[26] Inzwischen gibt es nur noch einen Universitätsverlag in Australien - die *University of Queensland Press* (Hassall 2001, 91).

[27] *Currency Press* spezialisierte sich auf Drama, *Spinifex* auf feministische Literatur, und *Wakefield Press* auf die Lokalliteratur Südaustraliens (Wilding 1999, 57).

[28] Gründe dafür sieht Wilding (1999) darin, dass „[p]ublication subsidies were dispensed, publicity money splashed around, but a national distribution policy for all writing was never drawn up. Moreover, [...] Australian governmental policy seemed to be one of collaboration with the transnationals rather than of trying to confront or mitigate their destructive effects" (58).

weit näher anschauen. Verlage sind, genau wie die meisten heutigen kapitalistischen Unternehmen, der Globalisierung und entsprechenden Gesetzten mehr oder minder bereitwillig ausgeliefert und müssen ebenso funktionieren. Übernahmen und Incorporation sind häufig die Folge. Die meisten ausländischen Verlage sind größtenteils Mitglieder internationaler Gruppen (zum Beispiel Bertelsmann, News Limited, Pearsons), welche finanzielles Interesse am australischen Markt haben. Eine Folge dessen ist, dass kaum mehr unabhängige Verlage existieren. Ein viel größeres Problem ist jedoch, dass ursprüngliche Funktionen und Möglichkeiten der Literatur in den Hintergrund geraten: „The traditional values of literary publishing have been abandoned. Literary quality and value are no longer relevant terms" (Wilding 1999, 61). Literatur wird vordergründig, vielleicht bald ausschließlich, als globales Wirtschaftsprodukt angesehen und die eigentliche Funktion völlig außer Acht gelassen. Hauptsächlich geht es um Profit, und ausschließlich große Konzerne entscheiden darüber, was in den Handel kommt. Die Entscheidung darüber wird vor allem vom höchstmöglichen Profit und nicht der literarischen Qualität der Werke abhängig gemacht. Die derzeitige Besessenheit von Bestsellerlisten und dem 'shelf life' eines Buches wird von Kritikern als sehr gefährlich eingestuft, da sie dazu führt, dass minderwertige Massenware den Markt erobert. Dadurch fällt dem Leser das Herausfiltern qualitativ wertvoller Werke immer schwerer. (vgl. Wilding 1999, 58-60; Castro 2005, 6/13)

Diese Entwicklung betrifft natürlich nicht nur Australien. Jedoch gibt es mehrere Gründe, warum die australische Literatur gefährdeter ist als beispielsweise die deutsche. Einen wichtigen Punkt stellt zum Beispiel die Sprache dar. Während amerikanische Bücher für den deutschen Markt erst übersetzt werden müssen, was einen nicht zu vernachlässigenden finanziellen Faktor darstellt, ist dies für englischsprachige Märkte nicht notwendig. Es liegt auf der Hand, dass es sehr profitabel ist, Australien einfach als einen erweiterten amerikanischen Markt zu betrachten. Eine höhere Auflage bedeutet günstigere Produktion und somit mehr Profit. Australien kann von amerikanischer Literatur überschwemmt werden[29], wohingegen das Veröffentlichen

---

[29] Bestand erst die Angst, es würden zu viele amerikanische und englische Einflüsse nach Australien verschleppt, verändern sich diese Werte immer mehr: „Those corporations have mutated into transnationals, still impor-

von australischen Werken nicht rentabel ist. Der australische Markt ist klein und eine geringe Auflage genügt, um ihn abzudecken. Eine unbedeutende Auflage rentiert sich jedoch keineswegs, geht man davon aus, dass kaum internationale Nachfrage an australischer Literatur herrscht. Der Aufwand für die internationale Vermarktung, noch dazu von wenig etablierten Schriftstellern, ist zudem sehr aufwendig und kostenintensiv.

Australiens Buchhandel wird von wenigen Großkonzernen[30] dominiert. Somit liegt die Entscheidung, was eingekauft wird, in wenigen Händen. Unabhängige, meist kleine, Buchhandlungen werden aus dem Markt gedrängt und haben kaum eine Chance[31]. Wilding (1999) betont außerdem:

> There is legislation against foreign control of broadcasting and newspaper interests in Australia; there are no such controls over book publishing. Consequently the shaping of the national literary culture is in the hands of interests that have no commitment to that culture; indeed, it is the nature of transnationals to have no commitment to any national culture, to be concerned only with profit and tax minimisation. (64)

In diesem Desinteresse an der nationalen Literatur begründet sich auch, dass akademische Veröffentlichungen am meisten unter diesen Zuständen zu leiden haben. Noch dazu ist deren Auflage viel geringer als die von Populärliteratur und damit fern von finanzieller Rentabilität. Außerdem haben Kürzungen von Fördermitteln für Universitäten und Bibliotheken diesen Trend verstärkt. Weiterhin erschwert wird es den australischen Akademikern dadurch, dass der *Australian Research Council* (ARC) Veröffentlichungen in Wissenschaftszeitschriften und Verlagen finanziell nicht unterstützt. (vgl. Wilding 1999, 62/66)

---

ting alien values, but values that are now increasingly divorced from any national culture" (Wilding 1999, 64).

[30] Wilding (1999) nennt drei Hauptketten: Collins Book Depot, Dymocks und das amerikanische Angus & Robertson Bookworld (62).

[31] Nur 16 Prozent der Buchhandlungen in Australien sind unabhängig (Wilding 1999, 60).

2.4 Entwicklungsmöglichkeiten

Selbst Anfang des 21. Jahrhunderts herrscht unter australischen Kritikern keine Zufriedenheit über die Situation der einheimischen Literaturlandschaft. Castro (2005) ist der Meinung, Australien benötige dringend eine neue Debatte darüber, was „literary culture" für das Land bedeutet (4). Schon bei den anfänglichen Entwicklungen der australischen Literaturstudien in den 1960ern und 1970ern konnten Kritiker eindeutige Ursachen für diese Unzufriedenheit definieren. So meint Keneally (1977) beispielsweise:

> [O]ne of the great problems for Australian writers has always been to accept Australia in its own right, to see it with the eyes that divorce themselves from northern European conventions of beauty, even from northern hemisphere concepts of society and, above all, from northern habits of literary seemliness. (81)

Im Unterschied dazu entwickelten viele Kritiker Ende des 20. Jahrhunderts eine Einstellung, die versöhnlicher mit den Einflüssen fremder Ursprünge umgeht und wenden sich gegen den Ausschluss von „non-Australian values, literary or otherwise, but adapting them to, and developing them within Australian conditions" (Armbruster 1991, 18). Das dennoch anhaltende Unbehagen ist ein Ausdruck dafür, dass in den letzten drei Jahrzehnten weder praktische Lösungen gefunden wurden noch bedeutende Fortschritte eingetreten sind. Meistens wird australische Literatur 'nur' im Rahmen postkolonialer Vergleichsstudien untersucht und 'lediglich' als Commonwealth-Literatur bezeichnet (Armbruster 1991, 16)[32]. Wie viele Kritiker fragt sich Prießnitz (2000), warum gerade Australien eine eigene Literaturkritik bekommen solle (306). Immerhin bestehe schon allein das Commonwealth aus 53 Staaten, von denen ganz sicher die wenigsten eine landeseigene Literaturbetrachtung erhielten. Häufig werden sämtliche Werke, welche in ehemaligen Kolonialstaaten verfasst werden in einen 'literaturtheoretischen Topf' geworfen und untereinander verglichen. Es ist keine Frage, dass die *Literatures of New English* aufgrund der ähnlichen Ent-

---

[32] Die Literaturen der ehemaligen Kolonial- oder auch Commonwealth-Staaten werden heute auch als die *Literatures of New English* bezeichnet (Joussen 1994, 124).

wicklungsgeschichte ihrer Nationen auch Gemeinsamkeiten aufweisen. Jedoch werden immer wieder Stimmen laut, welche die Schattenseite der so genannten *postcolonial comparative studies* betonen. So Pordzik (2002):

> Den Vertretern der postkolonialen Theorie werfen Kritiker deshalb vor, mit ihrer durch unzählige Methodenzwänge aufgepumpten Lektüre bestehende Unterschiede zwischen literarischen Texten und Gattungen aus Indien, Afrika, Australien, den USA und Kanada einzuebnen. (17)

Ein weiteres Problem dieser 'gebündelten' Analyse ist auch, dass viele Werke überhaupt nicht in die postkoloniale Literaturtheorie einbezogen werden. Der Vergleich von Texten aus derartig vielen Staaten kann nur zu einer Selektion relevanter Werke führen. Sobald ein Roman zu sehr vom allgemeinen postkolonialen Themen- oder Formenspektrum abweicht, findet man eine angemessene Analyse und literaturtheoretische Besprechung nur selten. Man kann davon ausgehen, dass dadurch die jeweiligen Literaturen nicht unbedingt umfassend oder angemessen analysiert werden. Und viele Kritiker betonen immer wieder, dass nicht nur die Literatur renommierter Nationen eine ausführliche Betrachtung verdient. Abgesehen davon meint Prießnitz (2000), dass: „No anthropological evidence exists to suggest that some nations might be less suited to the creation of literature than others" (306).

Für Hassall (2001) gibt es für die Verbesserung des Status australischer Literatur mehrere Lösungsansätze. Zunächst müsse man der Literatur den Sonderstatus Kunst zuerkennen, in dem Sinne, dass sie keine pure Wissenschaft ist und deswegen andere Kriterien auf sie angewendet werden müssen (92). Außerdem gäbe es drei Hauptprobleme, mit denen sich die australische Literaturkritik auseinandersetzen müsste:

> [F]inding a place for the teaching of literature (and specifically Australian literature) in the academy; finding the appropriate audience for that teaching; and finding a voice to articulate a critical scrutiny of that literature. (Hassall 2001, 88)

Castro (2005) knüpft an die Vorstellungen Armbrusters an, dass man bestehende Einflüsse und Konzepte nicht ausschließen könne, sondern auf die australische Situation anwenden müsse (10). Er geht sogar soweit, zu sagen, dass die meisten australischen Schriftsteller aufgrund des fehlenden Einflusses und mangelnder Inspiration ausländischer, nicht-englischsprachiger Schriftsteller zu keiner internationalen Anerkennung gelangen (10). Deswegen müsse einerseits mehr für das Erlernen von Fremdsprachen in der Bildung gemacht werden, damit die Originaltexte für die australische Leserschaft, inklusive der australischen Schriftsteller zugänglicher würden. Andererseits sollte mehr für die qualitative und quantitative Übersetzung fremdsprachlicher Texte gesorgt werden (12). In seiner Kritik schließt Castro (2005) auch andere englischsprachige Kulturen mit ein und stellt fest:

> So much contemporary writing in English is ignorant of literature itself and therefore unaware of cultural inheritances. [...] writing [is] a constant reflection on literature from elsewhere. (12)

Natürlich ist die Trennlinie zwischen dem angestrebten Reflektieren fremder Eindrücke und der ungewollten Übernahme ausländischer Einflüsse nicht klar zu definieren und häufig werden zahlreiche, vor allem amerikanische Ansätze ohne kritische Auseinandersetzung übernommen. In diesem Sinne spricht sich auch Dale (1999) für die bewusste Entwicklung neuer Strategien aus. Dazu gehört für ihn die Zusammenarbeit mit anderen betroffenen Staaten, wie etwa den südafrikanischen oder neuseeländischen Institutionen; aber auch eine aktivere Teilnahme an internationalen Literaturkonferenzen und die Veröffentlichung australischer Literaturtheorie jenseits der üblichen postkolonialen Literaturjournale[33]. (vgl. Dale 1999, 132-5)

---

[33] So wird australische Literaturkritik häufig ausschließlich in Journalen wie der *New Literatures Review*, *Ariel*, *Kunapipi* oder dem *Journal of Commonwealth Literature* abgedruckt (Dale 1990, 132).

3 Utopie und Australien

> *„[T]he Pacific has ever been the home of Utopias, and dreams of Terra Australis Incognita seduced alike philosophes and hard-headed propagandists of mercantilist empires."*
>
> (Spate 1987, 20)

Viele Kritiker betonen immer wieder, dass utopische Sehnsüchte so alt sind wie die Menschheit selbst und sich durch des Menschen ständigen Strebens nach einem besseren Leben entwickeln (Fehlner 1989, 35). Inwiefern spielte Australien eine ganz spezielle Rolle für das utopische Denken? In welcher Art und welchem Ausmaß hat sich das Utopische in der australischem Literaturlandschaft manifestiert? Zur Beantwortung dieser Fragen soll im folgenden Kapitel die Darstellung Australiens in der Literatur näher betrachtet werden. Anhand jener Literatur lässt sich ein Image von Australien ableiten, welches darüber Auskunft gibt, wie die Nation von außen betrachtet wird, wie Australien sich selbst empfindet und wie das Land sich selbst gern sehen würde. Inwiefern ist jenes Image stabil? Was sind die Ursachen für eventuelle Veränderungen in der Ansichtsweise?

Die Entwicklung utopischer Tendenzen hat in Australien einen anderen Verlauf genommen als in Europa, vor allem aufgrund der äußerst unterschiedlichen Geschichte beider Kontinente. Wie verhält sich dies jedoch im Vergleich mit anderen Nationen, die vielleicht einen ähnlichen historischen Kontext aufzuweisen haben? Australien ist eine ehemalige Kolonie, wie beispielsweise auch die USA, welche schon „immer ein besonderes Verhältnis zu utopischem Denken" (Dietz 1987, 9) gehabt hat. In diesem Sinne ist der *American Dream* vielen Menschen ein Begriff. Bedenken wir allerdings, dass kaum eine Person den *Australian Dream* in einem ähnlichen Kontext gebraucht, müssen Unterschiede in der Entwicklung utopischer Tendenzen beider Länder vorhanden sein. Wo liegen jedoch die Ursachen für jene Abweichungen der vermeintlich gleichen Nationen?

3.1 Australien als Schauplatz utopischer Literatur

Die Art und Weise wie Australien schon vor seiner Entdeckung in der Literatur dargestellt wurde, nahm ohne Frage Einfluss auf das Bild, was sich unmittelbar nach der Erforschung und schließlich Besiedlung entwickelte. Deshalb ist es wichtig, auch die frühesten utopischen Entwürfe, die sich mit Australien beschäftigten, in die Betrachtung einzubeziehen. Welchen Verlauf hat danach das utopische Schreiben innerhalb Australiens genommen? Gab es bezeichnende Tendenzen? Durch welche Einflüsse wurden diese bedingt? Ein Überblick über die Entwicklung der literarischen Utopie in Australien wird es außerdem erleichtern, die im Kapitel 5 ausführlich besprochenen Werke in die allgemeine Entwicklung einzuordnen.

3.1.1 Vor der Entdeckung bis zum Anfang der Besiedlung

Schon der griechische Philosoph und Mathematiker Pythagoras (582-496 v. Chr.) ging anhand seiner Theorie der Harmonie und des natürlichen Gleichgewichts davon aus, dass es eine Gegenerde geben müsste. Im Mittelalter jedoch drängte die Kirche derartige Anschauungen zurück. Erst im 15. Jahrhundert sorgte die Entdeckung des amerikanischen Festlandes für einen verstärkten Glauben an die Existenz von Land jenseits des Äquators. Dieses 'hypothetische Südland' wurde damals in die Seekarten als *Terra australis incognita* oder auch *Terra australis nondum cognita* (noch nicht bekannt) eingetragen.

> The charm of romance and adventure surrounding the discovery of hitherto unknown lands has from the earliest ages been the lure that has tempted men to prosecute voyages and travels of exploration. Whether under the pretext of science, religion or conquest, hardship and danger have alike been undergone with fortitude and cheerfulness, in the hope of being the first to find things strange and new, and return to civilized communities with the tidings. (Favenc 1967, 17)

Im 16. und 17. Jahrhundert zog es die westliche Welt immer mehr in die *Terra australis incognita*, vor allem aus Hoffnung auf Profit und wissenschaftliche Erkenntnisse. Nicht nur Entdecker wurden in Versuchung gebracht, auf Forschungsreisen aufzubrechen. Auch die Phantasie vieler Schriftsteller wurde durch die Vorstellung möglicher unbekannter Gebiete und fremder Kulturen angeregt. Oft wurde das Südland als Schauplatz für utopische Texte genutzt. Es entwickelte sich ein regelrechter Antipoden-Mythos, in dem Autoren eine Welt kreierten, die als Gegenstück zur wirklichen Welt fungiert. Ein frühes Beispiel hierfür ist *Dialogue Against the Fever Pestilence* (1564)[34] von Bullein. (vgl. White 1981, 1; Hofmeister 2000, 14-5; „Das Australien der Zukunft" 2000, 250; „Die Viktorianer und die Antipoden" 2000, 279)

Ende des 15. Jahrhunderts teilten sich die Portugiesen und Spanier die Welt in zwei Interessensphären[35], wobei die Grenze durch das noch unbekannte Australien verlief. Die tatsächliche Entdeckung Australiens ist nicht eindeutig geklärt. Es wird jedoch angenommen, dass die Portugiesen im 16. Jahrhundert als erstes Australien umsegelten, dies allerdings geheim halten mussten, da sie bei der Umsegelung die Grenze zum spanischen Interessengebiet überquerten. Da die Spanier den langen Umweg über Amerika segeln mussten, erreichten sie Australien erst 1605[36]. Jedoch hatten beide Nationen weder ein Interesse an der Erforschung noch sahen sie einen Nutzen in der Besiedlung dieses fernen, schwer zu erreichenden Landes. Dieses Desinteresse und die damit einhergehende verschobene Erforschung führten schließlich dazu, dass der Antipoden-Mythos noch weit ins 17. Jahrhundert seine Wirkung zeigte. Das Land war weiterhin unbekannt und utopischen Phantasien wurden keine realen Erkenntnisse entgegengesetzt. (vgl. White 1981, 1; Hofmeister 2000, 16)

Das möglicherweise bekannteste Werk, das unter dem Einfluss jenes Mythos' geschrieben wurde, ist *Mundus Alter et Idem* (1605) von Joseph Hall. Diese satirische Reiseerzählung, welche in fast ganz Europa gelesen wurde, berichtet von einem Südkontinent mit verkehrten

---

[34] In diesem Werk erzählt der Reisende Mendax von einer Stadt mit dem Namen „Nodnol in Taerg Natrib" („Die Viktorianer und die Antipoden" 2000, 279).

[35] Durch den Vertrag von Tordesillas (1494) und den Vertrag von Zaragoza (1529) (Hofmeister 2000, 16).

[36] Pedro Fernandez de Quiros taufte das Land *La Austrialia del Espiritu Santo* (Hofmeister 2000, 16). Einen ausführlichen Überblick über die Besiedlung Australiens liefert Favenc in *The History of Australian Exploration – From 1788 to 1888* (1967).

Tugenden. Hall allegorisiert und abstrahiert die Mängel seiner zeitgenössischen Gesellschaft in seiner Satire. Auf der 'verkehrten' Seite der Welt wird alles umgekehrt: Laster werden zu Tugenden und Sittsamkeit zur Untugend. Auch Richard Bromes Drama *The Antipodes* (1638) baut auf diesem Prinzip der Gegensätzlichkeiten auf. Ebenso basiert Gabriel de Foignys utopischer Staat in *A New Discovery of Terra Australis Incognita or the Southern World* (1676) auf dem Grundsatz der Werteumkehrung[37]. (vgl. Seeber 1970, 135-8; Koppenfels 1982, 20; „Die Viktorianer und die Antipoden" 2000, 279-80)

Solange dieses Land des Südens nicht erforscht war, entstanden immer neue Visionen und „fancy could invest it with all the characteristics which might satisfy Utopian yearnings" (Gibson 1984, 1-2). Diese Vorstellung hat lange Zeit das Image Australiens geprägt. Gibson nennt diesen Vorgang das *diminishing paradise*. Zuerst kannte man das Land überhaupt nicht und stellte sich vor, es wäre unendlich groß. Diese Vorstellung wurde durch die Entdeckung aller geografischen Grenzen enttäuscht. Dennoch entstanden immer neue Spekulationen über mögliche fremde Zivilisationen innerhalb der zahlreichen unergründeten Gebiete.

> Over a period of centuries [...] the expectations about Terra Australis were continually compromised as the extent of the unknown regions of the southern hemisphere diminished each time an explorer returned from there. (Gibson 1984, 4)

Ende des 17. Jahrhunderts begannen sich die Briten, vor allem durch den Verlust ihrer amerikanischen Kolonien, für die Erforschung der Antipoden zu interessieren. Diese hatten 1776 ihre Unabhängigkeit erklärt. William Dampier (1652-1715), eine Berühmtheit seiner Zeit, war der erste englische Reiseschriftsteller, der Australien näher beschrieb. Seine erfolgreichen Werke *A New Voyage Round the World* (1697) und *A Voyage to New Holland* (1703/1709) können als die erste englische Literatur über das authentische Australien angesehen werden. Er übernahm die Rolle eines betrachtenden Außenseiters. Dementsprechend nüchtern waren seine Berichte, welche sich vor allem auf

---

[37] „[A]llerdings sind es in diesem Fall nicht die Sitten und Gebräuche auf der Südhalbkugel, die kritisiert werden", sondern das Verhalten der Engländer („Die Viktorianer und die Antipoden" 2000, 280).

empirische Daten und Details konzentrierten[38]. White (1981) bezeichnet Dampiers Reiseberichte als sehr negativ vor allem bezüglich der Schilderung der Ureinwohner. Offensichtlich war Dampier enttäuscht, da nichts auf diesem Kontinent wirtschaftlich nutzbar war. Somit war kein profitabler Handel in Aussicht. (vgl. White 1981, 3; Gibson 1984, 3/6)

Obgleich der Unzulänglichkeiten in Dampiers Berichten, konnte sich kaum ein Schriftsteller des frühen 18. Jahrhunderts dem Einfluss seiner Reiseliteratur entziehen. Schriftsteller wie Daniel Defoe (1660-1731) oder Jonathan Swift (1667-1745) wurden mit Unmengen geografischer Informationen ausgestattet. So entwickelte zum Beispiel Defoe Dampiers Image Australiens in seinen Werken weiter. Zwar gehen seine Darstellungen zunächst einher mit Dampiers negativen Naturbeschreibungen, jedoch lässt er seine Charaktere in Bereiche dringen, welche von Dampier unergründet blieben. In diesen unergründeten Gebieten lässt Defoe seine Protagonisten paradiesische Landschaften finden. Auch Swift nutzt die von Dampier vermittelten Eindrücke in seinen Werken. So verarbeitet er beispielsweise in seinem berühmten *Gulliver's Travels* (1726) die Enttäuschungen und Hoffnungen, welche die Erforschung eines solch unbekannten Landes in sich bergen können[39]. (vgl. Gibson 1984, 9-14)

Der Kontinent Australien wurde erst später als relevanter Forschungsgegenstand interessant und die *Royal Society of London* engagierte James Cook (1728-79). Dessen Interesse galt vorwiegend Forschungszwecken, ohne finanzielle oder wirtschaftliche Gewinnsüchte. Cooks Erkundungen hatten eher den Charakter echter Forschungsreisen, was auch die Mitnahme weiterer Wissenschaftler an Bord bestätigt. Er kehrte nach drei Jahren mit einer immensen Anzahl von Ergebnissen und einem neuen Image von Australien zurück. Interessanterweise bestätigte sich zum Teil die Vorstellung der antipoden Um-

---

[38] Dampier beschrieb „all that he saw in as dispassionate a manner as possible" (Gibson 1984, 7).

[39] Swift „is attempting to emphasise […] the follies of European civilisation. With Lilliput, Blefuscu and Houyhnhnm-Land Swift provides a mirror and a magnifying-glass to be held to the reader's own world. By utilising the image of the south land and all its connotations, and by drawing on the specious empiricism of geography and cartography, he could strike a balance between experience and imagination" (Gibson 1984, 18).

kehrung. Vor allem die eigenartige Tierwelt und die verkehrten Jahres- und Tageszeiten untermauerten frühe Vorstellungen des antipoden Gegenbildes. (vgl. White 1981, 4-9)

In der englischen Anthologie macht sich ebenfalls das steigende Interesse an dem südlichen Land bemerkbar. John Campbell (1708-75) verfasst 1744 die Reiseliteraturanthologie *Navigantium atque Itinerantium Bibliotheca*, welche mehrere Themen zum südlichen Kontinent beinhaltet. 1766 entsteht *Terra Australis Cognita* von John Callander, welcher sich sehr begeistert von Australasien zeigte. Jedoch ist davon auszugehen, dass seine Visionen eher Spekulation als Fakt sind. (vgl. Gibson 1984, 18-31)

3.1.2 Beginn der Besiedlung bis zum Ende der Sträflingstransporte

Cooks Reise übertrug das Land Australien erstmals von imaginären Weltentwürfen auf echte Seekarten einer Welt, in der britische Gefängnisse durch die Auswirkungen der industriellen Revolution und der folgenden sozialen Probleme überfüllt waren. Die USA weigerten sich nach ihrer Unabhängigkeitserklärung, weiter britische Gefangene aufzunehmen. Das wenig gepriesene, jedoch weit entfernte Land Australien wurde zunächst zur idealen Abschiebemöglichkeit und 'Müllhalde' derer, welche gegen die gesellschaftliche Ordnung verstießen:

> The lowest element of British society was to be cast out among the lowest form of human life; unnatural vice was to be exiled as far from home as possible. (White 1981, 16)

Aufgrund der enormen Entfernung gab es zudem kaum Hoffnung auf Rückwanderung. Die Kolonie wurde 1788 gegründet und die Einstellung der englischen Siedler sowie der daheimgebliebenen Engländer zu Australien konnte sich nur verändern. Frühe Visionen über Australien, wie etwa die von Dampier, mussten für ein neues Image Platz machen. Die englische Kultur und australische Natur trafen aufeinander und mussten auf irgendeine Weise zusammenwirken. Die in der westlichen Welt vorherrschende Annahme, der Mensch forme sich seine Umwelt nach seinem Belieben[40], wurde auf eine harte Probe gestellt. Australiens Natur gestaltete die Bemühungen komplizierter als in manch anderem Land. Da die ersten europäischen Einwohner größtenteils Sträflinge[41] waren, entwickelte sich schnell das Image einer gefallenen Gesellschaft am anderen Ende der Welt. Dennoch:

> The forbidding image of Australia was certainly a compelling and lasting one; but the Utopian yearnings of writers contemplating an enormous and still largely unknown land would not be dispelled. (Gibson 1984, 56)

Und so war die Suche nach einem geheimen Eden noch nicht vorüber. Hoffnungen, ein irdisches Paradies auf der südlichen Halbkugel zu finden, waren nicht zerschlagen, denn es war noch genügend unerforschtes Land auf dem australischen Kontinent vorhanden. Die Vorstellung der Entdeckung eines idealen Staates konnte ganz einfach in das Landesinnere projiziert werden. Ein Beispiel dafür ist die Utopie von Lady Mary Fox[42] *Account of an Expedition to the Interior of New Holland* (1837). Neben solch abenteuerlichen Romanzen, welche versteckte ideale Gesellschaften darstellten, entstanden auch satirische Zukunftsvisionen über ein „emergent Australia [that] would overshadow a decadent England" (Gibson 1984, 59). Ein Beispiel hierfür ist *Scenes of Life and Shades of Character* (1831) von A. A. Watts, der über den australischen Staatsmann im Jahre 2377 berichtet. (vgl. Gibson 1984, 32-7/59-60; „Die Viktorianer und die Antipoden" 2000, 254; Hofmeister 2000, 17)

Die im vorigen Abschnitt erwähnte Tendenz, das Innere des Landes als Erlösung vom Leiden zu sehen, war selbst in späteren Jahren noch vorhanden. Entdecker wie Charles Sturt oder Thomas

---

[40] Diese westliche Geringschätzung der Natur wird von vielen Kritikern thematisiert und steht zudem im starken Kontrast zu den Idealen der australischen Aboriginals. (vgl. O'Donoghue 1991, 20; Keaton 1987, 90)

[41] Von Anbeginn der Besiedlung (1788) kamen immer auch freie Siedler nach Australien. In den ersten 80 Jahren kamen 150.000 Sträflinge. (vgl. Hofmeister 2000, 17)

[42] Wobei angenommen wird, dass der eigentliche Autor Richard Whately war und Lady Mary Fox den Roman lediglich herausgegeben hat. Der Roman „gibt vor, Reisebericht ins Innere Australiens zu sein und beschreibt den dort entdeckten europäischen Staat mit all seinen Institutionen, Sitten und Gebräuchen" („Das Australien der Zukunft" 2000, 280-1).

Mitchell[43] schürten derartige Vorstellungen, indem sie Vermutungen äußerten über mögliche große Flusssysteme oder einen riesigen See im Landesinneren (Gibson 1984, 91). Vor allem die zwei Jahrzehnte nach den 1830ern entwickelten sich zu einer Art goldenem Zeitalter der Reiseliteratur über Australien[44], wobei sich die meisten Autoren zwischen Dokumentation und Fiktion bewegten (Gibson 1984, 95).

Jenes verfälschte Image eines wilden abweisenden Australien, welches ursprünglich durch Dampier kreiert wurde, und das durch die Sträflingstransporte nur noch negativer wurde, konnte nun durch eine vergrößerte Kenntnis des Landes und zunehmender Erfahrung abgeglichen werden (Gibson 1984, 84). Jedoch gab es nach dem ersten Drittel des 19. Jahrhunderts noch keine eindeutige Definition von Australien und viele Schriftsteller entwickelten die Neigung, ein genaueres Verständnis über dieses junge Land zu entwickeln:

> An interpretation was required which encompassed both the bitter experience of a convict society struggling in an alienating landscape, and the optimism essential to the development of a new country. (Gibson 1984, 86).[45]

---

[43] Charles Sturt (1795-1869) fand in seinem ersten Werk *Two Expeditions into the Interior of Southern Australia* (1833) kein paradiesisches Landesinnere. Erst im Nachfolger *Narrative of an Expedition into Central Australia* (1849) kommt er zu dem Schluss, „that starkly disappointing realities lie at the centre of Autralia, Sturt can now be reconciled to reward-lands which he knows to exist in actuality" (Gibson 1984, 126).
Thomas Mitchell (1792-1855) schrieb zunächst das erfolgreichere *Three Expeditions into the Interior of Eastern Australia* (1838). Der als oft zu idealistisch beschriebene Nachfolger *Journal of an Expedition into the Interior of Tropical Australia* (1848) ging von einem Land aus, welches unter den neuen Siedlern nach Wunsch geformt werden kann (Gibson 1984, 114). Damit verpasste Mitchell einen neuen Ansatz, welcher sich in den 1840ern entwickelte. Dabei wird von einer Anpassung der europäischen Menschen an die neue Landschaft ausgegangen (122).

[44] „The content and the form of the published journals dealt with concerns crucial to the English image of Australia: the quest for a type of promised land in the interior; the efficacy of suffering and perseverance in the land of antipodean inversion; the attempts to understand and express Australian experience in the English language" (Gibson 1984, 95).

[45] Die australische Landschaft würde häufig mit der Hölle gleichgesetzt. „A comparison of Australia to Purgatory is pertinent insofar as the colony was

Dieser Optimismus wurde zwischen 1830 und 1850 zusätzlich durch eine langsame Verschiebung der wirtschaftlichen Interessen zwischen England und Australien geschürt. Mitte des 19. Jahrhunderts hatte sich Australien zum größten Wolllieferanten für Großbritannien entwickelt (White 1981, 29).

> Along with other local industries, it [Australia] continued to demand labour from Britain at the same time that British manufacturing interests were seeking profitable overseas markets. (White 1981, 29)

Demnach war Australien nicht lediglich eine günstige Möglichkeit, englische Häftlinge abzuschieben, sondern entwickelte sich zu einem ernstzunehmenden Wirtschaftspartner.

Ein weiterer Aspekt beeinflusste die damalige Entwicklung weg vom Image der Sträflingsinsel. Der australische Kontinent wurde zusätzlich als potentielles Immigrationsland interessant. Das Auswandern nach Australien wurde immer beliebter und es mehrten sich Gerüchte über die absurdesten Auswanderungsversuche. Zeitweise hieß es, dass britische Angehörige der Unterschicht mit der Aussicht auf Deportation kriminelle Handlungen vollzogen[46]. Für viele Kritiker waren die beiden Images, das der Sträflingskolonie und das des Landes unbeschränkter Möglichkeiten, kaum vereinbar. Jedoch wurde Australien von vielen Siedlern in der zweiten oder dritten Generation als Möglichkeit für die Gründung einer idealen Gesellschaft angesehen. Daraus bildeten sich zahlreiche Visionen, welche nur selten etwas mit der australischen Wirklichkeit gemein hatten[47]. Die Realität wurde oft

---

construed as a society of guilty sinners suffering in a bizarre environment" (Gibson 1984, 89).

[46] „There was enough truth in the rumours of the rags-to-riches convict to give some consolation to those about to be transported, and considerable heart-burning to the penal system's administrators. Given the increasingly desperate plight of the British working class from 1815 to the 'Hungry Forties', it was easy for the ruling class to believe that transportation was a 'boon' rather than a deterrent, and to worry endlessly that convicts in New South Wales were better off than free labourers in Britain. They even told themselves that people were committing crime in the hope of being transported" (White 1981, 30).

[47] „In fact, Australia's economy, and British interest in the colonies, was to be based on big sheep-runs, mining and large cities. Nor was Australia to be a

ignoriert und die Menschen kontrastierten die ideale australische ländliche Idylle mit der überfüllten englischen Industrienation. (vgl. White 1981, 29-34)

3.1.3 Die zweite Hälfte des 19. Jahrhunderts

Als der Transport von Sträflingen aus Großbritannien nach Australien im Jahre 1852 eingestellt wurde, stellte sich nun die Frage, was aus Australien werden sollte. Es wurde nicht mehr für Abschiebung genutzt und somit konnte die Kolonie den neu-eingeschlagenen Pfaden als Immigrationsland und utopischer Hoffnungsträger folgen. Einerseits gab es genug, vor allem ausländische Kritiker, welche sich ganz gemäß der Vorstellung „once a convict, always a convict" kaum eine positive Zukunft für Australien ausmalen konnten, da damals allgemein die Annahme vorherrschte, dass die kriminelle Ader vererbt wurde. Des Weiteren existierte auch die Ansicht, verbrecherische Neigungen wären ansteckend. Andererseits waren die meisten (ehemaligen) Sträflinge billige Arbeitskräfte und genügend Unternehmer sprachen sich verständlicherweise gegen eine mögliche ansteckende oder vererbte kriminelle Veranlagung aus. „Within the colony, there was a predisposition to accept the enlightenment belief in the influence of environment on character" (White 1981, 25) und Folgegenerationen der Sträflinge waren da eher optimistisch eingestellt[48]. (vgl. White 1981, 22-5)

---

large extension of rural England: Australia's connection was with industrial England, providing wool for its factories and markets for its goods" (White 1981, 34).

[48] Es wurden auch oft Unterscheidungen zwischen den Sträflingen und ihren Nachkommen gemacht. Innerhalb Australiens wurden den nachfolgenden Generationen verbesserte Erfolgschancen zugetraut. Damit unterstützten sie die Annahme, dass die Umgebung einen größeren Einfluss auf den Charakter hat als die Vererbung. Dieser Definitionsversuch wirkte jedoch nur innerhalb Australiens (White 1981, 27). Verständlicherweise kann sich eine Nation wie Großbritannien, deren gesamtes Staatssystem und Ideologie auf Vererbung und Tradition basiert, nicht mit einer derartigen Denkweise identifizieren. Gungwu (1994) betont, dass „the British are

> Obgleich des Optimismus' schaut Australien zurück auf eine long-standing tradition of utopian writing that lacks a clear sense of faith in the creation of a permanently improved society. The beginnings of Australia as a 'hell on earth' for transported convicts have fueled an imaginary of imprisonment [...], creating a view of the environment as hostile and violent and shaping a dispirited cultural self-image that has figured large in utopian and speculative fiction ever since. (Pordzik 2001, 48)

Dieses mangelnde Selbstbewusstsein spiegelt sich schon in den sehr frühen Texten wider, wie etwa in Hannah Boyds *A Voice from Australia* (1851). Dennoch werden in manch postkolonialer Satire Kommentare zur aktuellen Gesellschaft versteckt, wie in dem Roman *The Future Australian Race* (1877) von Marcus Clarke. Dieser berichtet vom Leben der Australier im 20. Jahrhundert. (vgl. Pordzik 2001, 48/73)

Die bis dahin veröffentlichte australische Literatur ist größtenteils von Laien oder unprofessionellen Schriftstellern verfasst worden. Dies liegt unter anderem daran, dass die Bevölkerung in den Anfangszeiten der Besiedlung kaum schulische Ausbildung erhielt. Erst ab Mitte des 19. Jahrhunderts wurde mehr Wert auf Bildung gelegt, was auch durch die Gründungen der Universitäten verdeutlicht wird[49]. In diese Zeit fällt auch die Herausbildung vereinzelter intellektueller Gruppen, welche erste literarische Schritte wagten. Jedoch ist vor 1888 wenig Literatur utopischer Art zu finden. Eines der wenigen Beispiele ist Henrietta Dugdales *A Few Hours in a Far-Off Age* (1883), das eine ideale Zukunft beschreibt, jedoch von Kritikern kaum Lob erhielt. (vgl. White 1981, 25; Albinski 1987, 18)

Etwas besser in der Kritik standen Catherine Helen Spences[50] Romane. *Handfasted* (1879) berichtet über ein isoliertes protofeministisches Gesellschaftsexperiment im pastoralen Amerika. Dabei geht es

---

some of the most history-conscious peoples in the world [...]. Australians have inherited this tradition successfully" (235).

[49] vgl. hierzu auch Kapitel 2.2

[50] Catherine Helen Spence lebte von 1825 bis 1910. Sie ist 1939 mit ihrer Familie aus Schottland ausgewandert und war eine bekannte Wahlrechtsreformerin, Journalistin und Schriftstellerin, welche vorrangig die „soziale Rolle der Frau im kolonialen Kontext der Romanwelten [...] problematisiert" (Schaffeld 2002, 79).

vor allem um die Neuregelung der Geschlechterbeziehungen durch das *handfasting* – einer Art Probe-Ehe. Jedoch wurde kritisiert, dass gewisse nachteilige Konventionen und Phänomene nicht deutlich genug problematisiert werden. Der nachfolgende Roman *A Week in the Future* (1888-89) ist eine didaktisierende Ordnungsutopie und handelt von einer idealen Gesellschaft in London, basierend auf den Moralvorstellungen George Eliots, der Evolutionstheorie von Charles Darwin und Herbert Spencers Philosophie. Spence nutzt die Utopie,

> um abseits der kolonialen australischen Wirklichkeit die soziale und sexuelle Emanzipation der Frauen als Vorbedingung der Gleichheit zwischen den Geschlechtern zu propagieren. (Schaffeld 2002, 90)

Jedoch äußert sich Spence genauso wenig wie ihre Zeitgenossen über die Zukunft Australiens. Zukunftsvisionen sind in der Regel nicht auf australischem Boden angesiedelt. In den meisten Werken dieser Zeit wird eine positive Utopie höchstens am Südpol oder auf einem anderen Planeten dargestellt. (vgl. Albinski 1987, 18; „Das Australien der Zukunft" 2000, 255; Schaffeld 2002, 80-1/85-6/90)

3.1.4 Die 1890er

In den 1890ern gab es einen enormen Zuwachs an utopischem Schreiben in den USA und Großbritannien. In den letzten Jahren des 19. Jahrhunderts wird auch in Australien die literarische Utopie zunehmend von Schriftstellern als Romanform genutzt. Pordzik (2002) macht dafür die Veröffentlichung von Edward Bellamys *Looking Backward* (1888) verantwortlich (21). Außerdem stellten utopische Werke

> den voranschreitenden Modernisierungsprozessen und der Abkopplung von den imperialen Mächten ein kritisches und bilanzierendes Moment zur Seite. (Pordzik 2002, 21)

Es entwickelten sich einflussreiche idealistische Romane, wie David Andrades *The Melbourne Riots and How Harry Holdfast and His Friends Emanzipated the Workers – A Realistic Novel* (1892), Reverend Horace Finn Tuckers *The New Arcadia* (1894) oder Samuel Albert Rosas *The*

Coming Terror, or, The Australian Revolution: A Romance of the Twentieth Century (1894)[51]. Häufig haben die Autoren Kontakte zur sozialistischen Bewegung und sind an der Verbesserung schlechter Arbeitsbedingungen interessiert. Sozusagen gilt

> [i]hre Aufmerksamkeit [...] den Folgen der Industrialisierung, der sozialen Ungerechtigkeit und dem Appell an die gemeinsamen Grundwerte der abendländischen Kultur. (Pordzik 2002, 21)

Demnach behandeln viele Utopien thematisch Australiens politischen Weg in die Unabhängigkeit. Die australische Gesellschaft hoffte, sich von den Fehlern der alten Welt befreien zu können. Die womöglich erfolgreichste sozialistisch beeinflusste Utopie dieser Art ist William Lanes[52] *The Workingman's Paradise – An Australian Labour Novel* (1892)[53]. Dieses Werk kann man als sozialistischen Entwurf verstehen, der auf eine Reform des ausbeuterischen kapitalistischen Systems abzielt. Der Roman wird oft als Genre-Mischform interpretiert und als politischer Roman, populäre Romanze oder Erziehungsroman verstanden. *The Workingman's Paradise* (1892) geriet jedoch, vor allem aufgrund von Ungenauigkeiten, die aus dem übereilten Abfassen des

---

[51] Andrade und Tucker beschäftigen sich mit ländlichen Kooperativen (Schaffeld 2002, 75). Rosa berichtet von einem städtischen Staatssozialismus und einer „Föderation der australischen Kolonien nach dem Zusammenbruch des Empire [...], von einer weltabgeschiedenen, demokratischen Gemeinschaft von Weißen im Inneren des Landes [...]" („Die Viktorianer und die Antipoden" 2000, 284).

[52] Willian Lane wurde 1861 in Bristol geboren und ging mit 16 Jahren nach Amerika, wo er nach der Ausübung verschiedenster Tätigkeiten schließlich Reporter wurde. Er schloss sich den amerikanischen *Knights of Labor* an und ging nachdem er zehn Jahre in den USA gelebt hatte nach Brisbane zu anderen Familienangehörigen. 1887 gründete er die radikale Zeitschrift *Boomerang* und war 1890 der Herausgeber der Zeitschrift *Worker*. 1893 ging er unzufrieden mit den Entwicklungen in der australischen Gesellschaft, mit 220 Anhängern nach Paraguay, um eine utopische Gesellschaft zu gründen. Jedoch scheiterte dieses Experiment. (vgl. Prießnitz 2002, 53-4)

[53] Der Titel *The Workingman's Paradise* ist ein Zitat über Australien, aus Henry Kingsleys *The Recollections of Geoffrey Hamlyn* (1859) (Prießnitz 2002, 57).

Werkes resultierten, in die Kritik[54]. Der Roman sei wenig strukturiert und oft zu ambivalent, um eine zentrale Aussage zu vermitteln:

> Das Resultat ist ein Roman, in dem mit biblischen Konnotationen versehene Charaktere Konstruktionsprinzipien eines Paradieses erörtern, dessen Requisiten weniger aus Genesis als vielmehr dem Kommunistischen Manifest stammen. (Prießnitz 2002, 56)

Lane berichtet in seinem Roman auch über die Ausbeutung der Frau und hatte eine Fortsetzung aus der Sicht des weiblichen Hauptcharakters angekündigt, jedoch nie in Tat umgesetzt. (vgl. Albinski 1987, 16-22; Prießnitz 2002, 45-67; Schaffeld 2002, 75-6)

Weniger bekannt ist William Lanes älteres Werk *White or Yellow? A Story of the Race-War of A.D. 1908* (1888). Schon der Titel dieses Romans verrät eine Tendenz, welche sich im Verlauf der folgenden Jahrzehnte als bezeichnend für die australische negative Utopie beziehungsweise Dystopie herausstellen wird[55]. Diese zunehmend dystopische Entwicklung fand schon erste Vertreter in den 80er Jahren des 19. Jahrhunderts, mit Werken wie *The Battle of the Yarra* (1883), *The Battle of Mordialloc* (1888) oder *Marvellous Melbourne* (1889), in denen auf verschiedene Weise eine chinesische beziehungsweise russische Invasion dargestellt wird. Schaffeld (2002) sieht Ursachen hierfür in einer zunehmenden Sensibilität des wachsenden Nationalstaates gegenüber außenpolitischen Bedrohungen[56] (73). Gegen Ende des 19. Jahrhunderts verstärkten sich derartige Denkweisen. Jedoch betont Schaffeld (2002), dass die literarische Stimmung in Australien keineswegs homogen ist, sondern „schwankt[,] zwischen einem nationalistischen Optimismus, […] Zukunftspessimismus […] und einer zunehmenden Fremdenfeindlichkeit" (74). Weitere Beispiele für so genannte xenophobische Invasionsdystopien sind *The Yellow Wave – A Romance of*

---

[54] Eine Überarbeitung war nicht möglich, da Lane das Geld dringend für die Freilassung einiger inhaftierter Schafscherer benötigte (Prießnitz 2002, 56).
[55] vgl. hierzu auch Kapitel 5.3
[56] Nicht nur die bevorstehende Föderation, auch Wahlrechtsreformen und die Wirtschaftskrise von 1890 bis 1894 bedingten diese Ängste (Schaffeld 2002, 74).

the Asiatic Invasion of Australia (1895) von Kenneth Mackay[57]. (vgl. Albinski 1987, 18/26)

Eine weitere Art utopischer Romane war im ausgehenden 19. Jahrhundert typisch und wird von Kritikern auch als lemurische Dystopie klassifiziert. Diese Utopien knüpfen an die Tradition an, geheime Gesellschaften im Inneren des Landes anzusiedeln. Dabei wird davon ausgegangen, „daß der australische Kontinent ein Rudiment der mythischen Lemuria [...] sei" (Schaffeld 2002, 75)[58]. Beispiele für diese Art Utopie sind Robert Potters *The Germ Growers* (1892), J.F. Hogans *The Lost Explorer* (1890), Ernest Favenc' *The Secret of the Australian Dessert* (1896) und G.F. Scotts *The Last Lemurian: A Westralian Romance* (1898). (vgl. Albinski 1987, 19; Schaffeld 2002, 75-6)

---

[57] Yu (1995) grenzt den Begriff Xenophobie, also Fremdenfeindlichkeit, im speziellen Fall australischer Dystopien auf Sinophobia ein – der ganz speziellen Angst vor der chinesischen Kultur, abgeleitet von Sinanthropus oder Sinologie, der Wissenschaft chinesischer Sprache und Literatur (Yu 1995, 74; Wissenschaftlicher Rat der Dudenredaktion 2000, 1232).

[58] Die „fiktive Entdeckung vorzeitlicher oder bisher unbekannter Kommunitäten in den entlegenen westlichen oder nördlichen Wüstenregion Australiens wurde besonders im ausgehenden 19. Jahrhundert zum Gegenstand einer populären Romanliteratur" (Schaffeld 2002, 75).

3.1.5 Nach der Föderation bis zum Zweiten Weltkrieg

Australien hatte sich zu einer Gesellschaft entwickelt, die nach rassischer Reinheit strebte. Anders als etwa der kulturelle Schmelztiegel USA waren um die Jahrhundertwende circa 98 Prozent der australischen Bevölkerung britisch, was Australien fast britischer machte als das Vereinigte Königreich. Nationalpatriotismus wurde landesweit gepriesen und die Bevölkerung war stolz auf alles Australische. Aus diesem Grund bestand auch ein verstärktes Interesse, zum Beispiel die einheimischen Märkte[59] vor äußeren Einflüssen zu sichern – Protektion wurde zu dem wichtigsten Element in der australischen Politik. Als wichtigen Bestandteil dieser Staatsführung muss auch die *White Australia Policy* angesehen werden[60]. Australiens Reinheit sollte auf jeden Fall erhalten werden. (vgl. White 1981, 112-4)

Nach dem russisch-japanischen Krieg (1904-05) wurde Japan zunehmend als ernste Bedrohung wahrgenommen, was sich auch in der utopischen Literatur in der Zeit nach der Nationsgründung[61] Australiens am 1. Januar 1901 widerspiegelte. Australien war auf sich allein gestellt – das 'Mutterland' Großbritannien war zum einen geografisch weit entfernt. Zum anderen war die Nation seit der Föderation auch politisch distanzierter, denn Australien tätigte die ersten kleinen Schritte in Richtung Unabhängigkeit. Zusätzlich lieferten chinesische Arbeitsemigranten weitere Nahrung für rassistische Tendenzen. Die mögliche Gefahr von außen wird vermehrt von Künstlern thematisiert und wird bis heute stark kritisiert[62]. Auch nach dem ersten Weltkrieg

---

[59] Der *Customs Tariff Act* von 1921 sollte für die Sicherung des einheimischen Marktes sorgen (White 1981, 143).

[60] vgl. hierzu auch Kapitel 5.2.2

[61] Jedoch war Australien noch kein souveräner Staat und hatte weder die Macht, Krieg oder Frieden zu erklären noch die Genehmigung offizielle Abkommen mit fremden Staaten zu treffen oder irgendeinen anderen wichtigen diplomatischen Stand im Ausland. Staatsoberhaupt war der britische Monarch, der höchste zuständige Gerichtshof war der in London und sie hatten eine gemeinsame Nationalhymne mit England. Dennoch wurden diese Tatsachen eher positiv angesehen, als „reflecting a natural, wider loyalty to the empire. Race and blood ran deeper than nationality" (White 1981, 111). (vgl. White 1981, 111)

[62] Zum Beispiel kritisiert Yu (1995) in seinem Artikel „Australian Invention of Chinese Invasion – A Century of Paranoia, 1888-1988" die australische

hielt die Tendenz zu dystopischen Manifestationen an, häufig ausgedrückt durch die xenophobische Angst vor einer Zukunft unter asiatischer Herrschaft. Oftmals vermitteln allein die Titel der Werke die Angst vor fremden Übergriffen: *The Coloured Conquest* (1904) von Thomas Richard Roydhouse oder *The Australian Crisis* (1909) von Charles Kirmess. Weitere Dystopien aus jener Zeit sind Pullars *Celestalia, A Fantasy A.D. 1975* (1933), welches von chinesischen Übergriffen handelt, oder Erle Cox' *Fool's Harvest* (1939) über die Invasion durch Japan. Nach dem Zweiten Weltkrieg wurde mit einem kommunistischen China die Angst vor dem unbekannten Anderen verdoppelt und „[t]he Yellow Peril became the Red Menace" (Yu 1995, 75). In den 1940ern kommt der allgemein dystopische Trend vorherrschend in der englischen Literatur hinzu, geprägt von Aldous Huxley und George Orwell, und positive Utopien werden zur Seltenheit. Rare Beispiele sind Ralph Gibsons *Socialist Melbourne* (1936) oder Marjorie Barnard Eldershaws *Tomorrow and Tomorrow and Tomorrow* (1947)[63]. (vgl. Albinski 1987, 17-27; Spies 2000, 236; Pordzik 2002, 23; Schaffeld 2002, 76)

Invasionsliteratur und geht soweit, sie aus dem dystopischen Genre auszugrenzen, da sie eher den Charakter von politischer Propaganda hätte. Im Gegensatz zu den Japanern, deren Politik oft legitimen Anlass zur Entwicklung eines australischen Misstrauens gegeben hätte, wurde die chinesische Präsenz in Australien völlig grundlos als Bedrohung der nationalen Sicherheit und kulturellen Identität empfunden. Lediglich anlässlich ihrer kulturellen, religiösen und rassischen Unterschiede wurden die Chinesen befürchtet und gehasst. „The belief in the inferiority of those [Asian] cultures is only an excuse, for no superior culture can be destroyed by inferior cultures if there is really such a thing as superior culture" (Yu 1995, 77). (vgl. Yu 1995, 74-80)

[63] vgl. hierzu auch Kapitel 5.1

3.1.6 Entwicklungen seit dem Ende des Zweiten Weltkrieges

In der zweiten Hälfte des 20. Jahrhunderts trifft man noch vereinzelt auf xenophobische Invasionsdystopien, jedoch verringert sich die Anzahl zusehends. Allerdings gibt es auch Kritiker, die diese Entwicklung gegenläufig interpretieren. Yu (1995) geht beispielsweise davon aus, dass sich die Invasionsliteratur und die Darstellung von China nicht großartig geändert haben. Gründe hierfür sieht er in der neuen multikulturell tendierenden Politik Australiens seit Mitte der 1970er. Als Beispiel werden Kap Pothams *A Time to Die* (1967) und John Hays *Invasion* (1968) genannt, die beide über eine asiatische Invasion berichten. Obgleich „China is not the major invading enemy but is perceived as playing a leading role in Communist investigation and nuclear monopoly" (Yu 1995, 75), was die Problematik für ihn nicht weniger kontrovers macht. Seit den 1970ern handle es sich in einigen Werken zumindest nicht ausschließlich um kriegerische Besetzung, sondern friedliche chinesische Übernahmen, wie in *The China Tape* (1981) von P.L. Lyons. Das Misstrauen richte sich nicht ausschließlich gegen Chinesen. Auch andere asiatische Nationen, wie Indonesien, werden in einigen australischen Dystopien als Aggressoren dargestellt. An dieser Stelle nennt Yu (1995) Gerald Sweeneys *Invasion* (1982) und Eric Willmots *Below the Line* (1991). (vgl. Albinski 1987, 20-1; Yu 1995, 75-9)

    Allerdings ist Yus Zuordnung mit Vorsicht zu genießen. Das letztgenannte Werk von Willmot handelt zugegebenermaßen von einer indonesischen Invasion, jedoch kann es keineswegs mit den frühen xenophobischen Invasionsdystopien auf eine Stufe gestellt werden. 'Invasion' ist nicht der eigentliche Hauptgegenstand in diesem Roman, sondern lediglich ein Mittel zum Zweck, eine viel fundamentalere Angelegenheit ins Interesse des Lesers zu rücken. *Below the Line* (1991) handelt von der Auseinandersetzung mit dem australischen Land, seinen Ureinwohnern und der, bis dahin kaum diskutierten, Vergangenheit jenes Urvolkes[64]. Weitere Beispiele für diesen neuen Aspekt in der australischen Utopie stellen Narogin Mudrooroo[65] mit *Dr. Woored-*

---

[64] vgl. hierzu auch Kapitel 5.3.1
[65] Narogin Mudrooroo (1938-) ist das Pseudonym für Colin Johnson, einem Halb-Aboriginal aus Westaustralien. Sein Debut *Wild Cat Falling* (1965) war

dy's Prescription for Enduring the End of the World (1983), B Wongar[66] mit *Walg* (1983) und Damien Broderick mit *The Dreaming Dragons* (1980) dar. Die meisten dieser Werke sind oft sehr symbolisch, und es wird häufig die Zerstörung der Aboriginal-Kultur durch die weiße Besiedlung thematisiert[67]. Einige Werke knüpfen in ihrer Auseinandersetzung an die alte Tradition der versteckten Gesellschaften im Zentrum des Landes an, doch neigen Autoren, wie Gerald Murnane in seinem Roman *The Plains* (1982)[68], zu einer eher allegorischen Betrachtungsweise und thematisieren das mythische Image Australiens. (vgl. Albinski 1987, 19-26)

Die Auseinandersetzung mit der Aboriginal-Problematik ist für viele Kritiker der Hauptaspekt in der Kreation einer erwachsenen australischen Nation[69]. Nun hat Australien jedoch noch eine weitere Vergangenheit zu bewältigen, nämlich die Definition des Verhältnisses zu Großbritannien[70]. Auch diese Thematik hat utopische Autoren beschäftigt, zum Beispiel Nevil Shute mit *In the Wet* (1953)[71] oder Rodney Hall. In seinem politischen Roman

> *Kisses of the Enemy* (1987) bindet Hall die Handlung eng an die Geschichte Australiens an, aber er verlegt sie in die unmittelbare Zukunft und extrapoliert Entwicklungen, die in der Ge-

---

    der erste Roman, welcher von einem Australier mit Aboriginal-Abstammung veröffentlicht wurde. (vgl. Clancy 1992, 308)

[66] B Wongar (1932-) hat diesen Namen auch angenommen, besitzt jedoch keine Aboriginal-Herkunft. Sein bürgerlicher Name ist Streten Bozic. Bozic kam 1960 nach Australien, heiratete in eine Aboriginal-Familie ein und veröffentlichte seine Romane unter dem Pseudonym B Wongar. Obwohl 1981 seine wirkliche Identität entlarvt wurde, besteht vor allem im Ausland die Annahme, es handle sich um einen Aboriginal-Schriftsteller. (vgl. Van Toorn 2000, 42-3)

[67] vgl. hierzu auch Exkurs: Aboriginals und australische Literatur (Kapitel 2.1)

[68] *The Plains* „shows imaginative use of the inland as the real Australia, a source of intellectual strength and cultural definition that is not to be found in the commercialised cities of the coast" (Albinski 1987, 19).

[69] vgl. hierzu auch Kapitel 5.2.2

[70] vgl. ebd.

[71] vgl. hierzu auch Kapitel 5.2.1

schichte und Politik des Landes angelegt sind.[72] (Maack 2002, 93)

Für Pordzik (2001) stellt dieser Roman den gelungensten satirischen Kommentar über die derzeitige wirtschaftliche und politische Lage Australiens in der Welt dar (81).
Die meisten utopischen Romane der zweiten Hälfte des 20. Jahrhunderts lassen sich nur schwer kategorisieren. Für einige Kritiker wird Rodney Hall in einer Reihe mit australischen *Science Fiction* Autoren wie George Turner genannt. Turner befasst sich mit Themen wie dem unendlichem Leben oder Genveränderungen. Die Romane seiner *Science Fiction* Trilogie[73] finden alle im 21. Jahrhundert statt, nach dem großen „Kollaps von 1992, als genetisch mutierte Pflanzen, Epidemien und Atomexplosionen die Weltbevölkerung dezimiert haben" (Maack 2002, 97)[74]. (vgl. Pordzik 2001, 31; Maack 2002, 91-108)

3.1.7 Zwischenfazit

Sicherlich kann man die ersten utopischen Werke, welche Australien als Schauplatz nutzten, kaum in einer zusammenfassenden Gliederung zur australischen Utopie unterbringen. Jedoch haben selbst diese Werke, welche aus der Zeit vor der eigentlichen Entdeckung und Besiedlung des Kontinents stammen, ihren Beitrag zur Entwicklung des utopischen Genres in Australien geleistet. Natürlich waren es nicht nur die europäischen Visionen über mögliche Gesellschaften jenseits

---

[72] Inhaltlich geht es um die Loslösung vom Commonwealth, jedoch erfüllt Australien nicht die Erwartungen der Bevölkerung und entwickelt sich unter neuem Präsidenten immer mehr zur Diktatur. Der Roman enthält realistische, fantastische und satirische Elemente. (vgl. Maack 2002, 93-4)

[73] *Beloved Son* (1978), *Vaneglory - A Science Fiction Novel* (1981) und *Yesterday's Men* (1983). (vgl. Sargent 1999, 167)

[74] Generell ist ein deutlicher Aufschwung im Bereich australischer *Science Fiction* zu erkennen. Webb (2000) vermutet, dass es am kürzlich entdeckten Verkaufspotential liegen müsse. Es gibt zahlreiche australische SF Magazine (*Eidolon*, *Aurealis*, *Altair* und *Abaddon*). Seit 1997 gibt es ein SF Jahrbuch: *Year's Best Australian Science Fiction and Fantasy* und 1999 war Australien Austräger der *World SF Convention* (Worldcon). (vgl. Webb 2000, 115)

des Äquators, sondern in erster Linie die anfänglichen Eindrücke und kulturellen Ursprünge der Siedler, welche die australische Utopie prägten.

> Over the years the land and the white people's culture have been growing together, shaping each other. The images which English writers originally presented of Australia have been embellished almost beyond immediate recognition, but they are fundamental to a culture which is always growing into the country even as the country is changed to accommodate the society. (Gibson 1984, 244)

Mit der Entwicklung der australischen Nation veränderten sich auch das Image und damit die Probleme des Landes sowie die Themen der australischen Literatur. Interessanterweise zeigt der chronologische Überblick über die australischen utopischen und dystopischen Werke offensichtlich, dass sich keine deutlich abzugrenzenden Phasen entwickelt haben. Im Gegensatz zu Entwicklungen des utopischen Genres in anderen Ländern, wo oft ein Wechsel von Optimismus und Pessimismus anzutreffen ist, hat sich in Australien die Eigenart herausgebildet, dass

> [...] there is a striking consistency that is maintained over almost the entire history of Australian utopian writing. Although these three forms of the genre may differ in individual prominence, they remain continually balanced, so that there is astonishingly little change in the perceptions of Australian writers over time about the possibilities and the problems of both future and past. (Albinski 1987, 17-8)

Abgesehen von Utopien, welche nicht auf Australien angesiedelt sind, unterscheidet Albinski (1987) drei Richtungen, welche von Anfang an in australischen Utopien anzufinden sind. Zum einen gibt es die „utopias that predict an harmonious domestic future" (Albinski 1987, 17), die meist zeitlich versetzt sind und von Schaffeld (2002) als inneraustralische Utopie bezeichnet werden. Den Höhepunkt dieser Phase sieht Schaffeld (2002) Ende des 19. Jahrhunderts, als Reaktion auf die wirtschaftlichen Probleme des Landes. Zum anderen gibt es die „dystopias describing 'lost' societies (generally debased, often offered as explanations of Australia's past" (Albinski 1987, 17), welche Schaffeld (2002) lemurische Dystopien nennt und schließlich die xenophobischen Invasionsdystopien, „that predict an Australia overrun by land-hungry Asians who enslave the indigenous population" (Albinski 1987, 17). Im Gegensatz zur letztgenannten Variante, welche immer seltener anzutreffen ist, hat die Darstellung 'verlorener' Gesellschaften im Landesinneren eher zugenommen und sich auf eine mythische Auseinandersetzung mit dem Land Australien spezialisiert. (vgl. Albinski 1987, 17/26; Schaffeld 2002, 75)

3.2 Australian Dream vs. American Dream

Amerika scheint von jeher, ein großes utopisches Potential gehabt zu haben (Dietz 1987, 9). Sehr viele utopische Romane wurden in Amerika verfasst oder spielen in Amerika. Auch jenseits der literarischen Utopie hat Amerika immer wieder Anreiz für utopisches Denken geliefert, zum Beispiel als Ort für experimentelle utopische Gemeinschaften (Del Buffa 2000, 644-5). Man könnte fast meinen, Amerika stünde sprichwörtlich für die Umsetzung der Utopie, als 'Land der unbegrenzten Möglichkeiten'. Im Falle Australiens gibt es kaum bekannte geflügelte Worte in ähnlicher Weise – die Terminologie *Australian Dream* ist in weniger Munde als die des *American Dream*. Was unterscheidet die 'Träume' der beiden ehemaligen Kolonien?

Schaffeld (1997) ist der Ansicht, dass das Phänomen des *Australian Dream* durchaus dem *American Dream* ähnelt (15), vor allem wenn man die Entwicklungsgeschichte beider Länder betrachtet. Beide sind

> in wesentlichen Teilen gesellschaftsspezifische Varianten der chiliastischen[75] Visionen, mit denen Europäer ihre Frühgeschichte und ihre nationale Identität geformt haben. (Prießnitz 1992, 356)

Die Kolonialisierung sorgte für das Herausbilden einer vorherrschenden englisch-europäischen Kulturmatrix. Natürlich ähnelt das utopi-

---

[75] Der Begriff 'chiliastisch' leitet sich ab vom Chiliasmus, der „[Lehre von der] Erwartung des Tausendjährigen Reiches Christi auf Erden nach seiner Wiederkunft vor dem Weltende [...]" (Wissenschaftlicher Verlag der Dudenredaktion 2000, 254).

sche Denken beider Nationen den Entwürfen der alten Welt, da diese neue Welt zum Großteil von Mitgliedern europäischer Kulturgruppen besiedelt wurde. Jedoch gibt es im Gegensatz zum alten Europa oft ein intensiveres Ausmaß an utopischem Denken. Utopien bergen ein wichtiges Orientierungspotential, gerade in Australien, „wo zwar die politische Nationwerdung abgeschlossen, aber die geistige noch in vollem Gange ist" (Prießnitz 1992, 354). Eine weitere große Gemeinsamkeit beider Phänomene ist die recht späte Begriffsvergabe:

> Im historischen Transfer bedeutet dies, daß die Nationwerdung der europäischen Überseekolonien, die zwangsläufig mit einer Legitimationskrise einhergeht, von mehr oder minder deutlichen Visionen begleitet worden ist, deren bekannteste der mit James Truslow Adams' Wortschöpfung aus dem Jahre 1931 terminologisch fixierte *American Dream* sein dürfte [...]. Aber auch der damit verwandte *Australian Dream*, der ebenfalls als sehr viel älteres Phänomen und sicherlich in Analogiebildung zum amerikanischen Pendant erst 1943 mit dem gleichnamigen Gedicht Ian Mundies auf den von der Literaturhistorie akzeptierten Begriff gebracht wurde, stellt eine solche identitätstiftende Utopie dar. (Schaffeld 1997, 15)

Mit dieser recht späten Definition hören jedoch die Gemeinsamkeiten der beiden Phänomene auf. (vgl. Prießnitz 1992, 354-6)

Als bedeutenden Unterschied stellt Prießnitz (1980) die Grundhaltung beider Nationen zur Religion heraus. Der *Australian Dream* wird allgemein als materialistisch oder weltlich interpretiert, und Gott wurde keineswegs „die Funktion des Garanten dieser Utopie zugedacht" (Prießnitz 1980, 213). Da Australien in der Epoche der Aufklärung gegründet und von ihr geprägt wurde, war Gott nicht notwendig, um das Universum und den Fortschritt zu erklären. Ein weiterer grundlegender Unterschied ist die soziale Komponente. In Anbetracht des lebensunfreundlichen Landes sind die Menschen sehr aufeinander angewiesen und die Verwirklichung des *Australian Dream* war nicht als individuelle Einzelleistung, sondern nur als kollektive Errungenschaft möglich. Moore (1971) spezifiziert die Bestandteile des *Australian Dream* folgendermaßen:

> The communal dream of Australia as a Land of Promise took three distinct forms which might be best termed The

Vision of Freedom, the Hope of Australia Felix, and The Ideal of an Australian Utopia. The first two both began as essentially individual in the convict hungering for his liberty and the settler struggling towards fortune, but they broadened into a social character as idealists postulated a democratic freedom for the whole community [...]. The Utopian ideal, however, was national from its beginning. It embraced the first two forms of the Dream but went beyond them into a more spacious, more spiritual, configuration of a millennial Australia. (269)

Das Wohlergehen der Gesellschaft war demnach oberste Priorität. (vgl. Prießnitz 1980, 214; Prießnitz 1992, 360-1; Spies 2000, 223)

Obwohl Schaffeld (1997) den *Australian Dream* chronologisch in acht wesentliche Traumphasen[76] unterteilt, stellt er fest, dass in den Jahren seit der Besiedlung des Kontinents auch konstante Elemente vertreten sind, wie beispielsweise das kollektive Wohlstandsdenken (322). Ein weiterer Grundzug ist, dass Australien oft als „Zufluchtsort einer chiliastischen oder edenischen Gegenwelt zum 'gefallenen' tyrannischen Europa" (Schaffeld 1997, 322) dargestellt wird, meist sogar als weltliches Paradies oder „Menschheitsexperiment mit Vorbildfunk-

---

[76] 1. Zeitalter der Entdeckung (frühe Neuzeit – Ende 18. Jahrhundert), gekennzeichnet durch chiliastische Projektionen. 2. Frühe Kolonialphase (1788-1850) mit individuellen Freiheitsvisionen, kollektivem und egalitärem Pioniergeist. 3. Zeitalter des Goldrausches (1851 – 1880), das durch die Einwanderungsbewegung sehr facettenreich ausfiel. 4. Nationalismus (1880 – 1914) mit größter Traumintensität, aufgrund politischer Nationwerdung. „Nationalistische Autonomie- und Autarkiebestrebungen begründen jedoch gleichzeitig rassistische Invasionsängste" (Schaffeld 1997, 319). 5. (Nach)Kriegsphase (1914 – 1928), durch Neuorientierung gekennzeichnet. 6. Depression und Zweiter Weltkrieg (1929 – 1945) bedingt sozialistischen Realismus. 7. Nachkriegsjahrzehnte (1945 – 1967) bringen kaum Traumtextdokumente hervor, aufgrund außenpolitischer Unsicherheit. 8. Zeitgenössische Vision (1968 –): „Die Literatur der Zeit richtet sich gegen eine eilfertige Übernahme des materiellen Sicherheitsdenkens, und sie stellt gerade im Vorfeld der umstrittenen Zweihundertjahrfeier die oft schonungslos formulierte Frage nach dem auch angesichts der innenpolitischen Defizite deutlich werdenden Scheitern des australischen Traumes" (Schaffeld 1997, 321). (vgl. Schaffeld 1997, 318-21)

tion für die übrige Welt" (322). Morgan (1990) fast dies wie folgt zusammen:

> In its larger version it is the belief that the whole continent was to be an isolated paradise free from the errors and wrongs and lies of the Old World, a fresh start where all inhabitants were equal and free, and, as such, a beacon of hope for other nations. (30)

Der fünfte Kontinent wird somit zum Hoffnungsträger, die Sünden der Alten Welt nicht erneut zu begehen (Spies 2000, 226). Im *Australian Dream* wird auch der wiederkehrende Konflikt zwischen Stadt und Land verarbeitet, jedoch begleitet von einem romantischen Naturverständnis: „Selbst im suburbanen Lebensglück lassen sich Rudimente dieser ländlichen Traumvision ausmachen" (Schaffeld 1997, 322). Weiterhin nennt er noch den ausgeprägten Freiheitsgedanken und das

> außenpolitische Sicherheitsdenken, […] mit dem innenpolitischen Wunschbild einer stabilen, nach egalitären Prinzipien organisierten Gesellschaft (Schaffeld 1997, 304)

als Grundelemente des *Australian Dream*.[77]

Prießnitz (1980) nennt als Ursachen für die Herausbildung der utopischen Tradition in Australien, unter anderem in Form des *Australian Dream*, vor allem die Vorgeschichte des Landes (214)[78]. Die unrühmliche Sträflingsvergangenheit stellt einen der nicht zu vernachlässigenden psychologischen Faktoren dar, die

> die Anknüpfung an Tradition und Vergangenheit zum Trauma machten und den Blick nach vorn in die Zukunft als

---

[77] „Wenn in der Literatur und Literaturgeschichte […] vom Australischen Traum die Rede ist (worunter die Idealvorstellung zu verstehen ist, die den Kontinent als ein Paradies auf Erden sieht), so sind es vornehmlich säkulare Vorstellungen wie Freiheit, Gleichheit, Brüderlichkeit, Demokratie und sogar Nationalismus, die mit ihm verknüpft sind" (Spies 2000, 224).

[78] „Das Verhältnis vieler Australier zu ihrer kurzen geschichtlichen Vergangenheit […] ist von Distanz geprägt. […] Bis heute wird die Frühgeschichte als ein Makel empfunden, der das Gefühl der Fremdheit im eigenen Land verstärkt" (Prießnitz 1992, 355).

die einzig akzeptable Form der Identitätsfindung erscheinen ließen.[79] (Prießnitz 1980, 214)

Die Ursprünge des *Australian Dream* datieren Kritiker zurück auf den Antipodenmythos vor der Entdeckung des Kontinents. Aber auch Einflüsse wie der Fortschrittsglaube der Aufklärung, die schottische Reformbewegung und Philosophie, irische Mythologie und englische Romantik werden neben der Amerikanischen Revolution und der zeitgenössischen englischen Geistes- und Sozialgeschichte und sogar der europäischen Südseeromantik von Kritikern als Faktoren für die Herausbildung des *Australian Dream* genannt. (vgl. Prießnitz 1992, 360; Schaffeld 1997, 308)

Der *Australian Dream* manifestiert sich besonders in australischen positiven Utopien. Beispiele hierfür wären William Lanes *The Workingman's Paradise* (1892) oder Catherine Helen Spences *A Week in the Future* (1888-89).[80] (vgl. Schaffeld 1997, 305/309)

---

[79] „Der Blick zurück auf die Vorgeschichte der Inbesitznahme des Kontinents förderte jedoch stärker als anderswo eine auf die Zukunft ausgerichtete Perspektive des Denkens" (Prießnitz 1980, 214).
[80] vgl. hierzu auch Kapitel 3.1.3 und 3.1.4

4 Allgemeine Merkmale Utopischer Literatur

„Utopie ist [...] nicht etwas Vorgefertigtes, der praktischen Umsetzung Harrendes, sondern vielmehr Ergebnis einer spontanen Konstellation gegenwartsbestimmter Erwartungen, in der sich der geschichtliche Prozeß auf die verschiedenen Möglichkeiten des Utopischen hin entfaltet, ohne sie zu verabsolutieren."
(Pordzik 2002, 10)

Ohne Frage existiert eine Vielzahl von Definitionsversuchen zur Utopie. Literaturwissenschaftler scheinen immer aufs Neue bemüht, die 'alles umfassende Formel' für das Verständnis utopischer Werke zu finden. Sargent (1975) betont, dass die eindeutige Beschreibung eines Genres wichtig sei, um dieses adäquat analysieren zu können: „A definition must be usable as a discriminating tool in the analysis of a body of literature" (137). Gründe für die immense Anzahl von Definitionen ist vor allem die Fülle von Formen, welche das utopische Genre in sich vereint. Die meisten utopischen Werke nutzen hybridartig mehrere literarische Formen, wie etwa den Roman, das politische Manifest sowie wissenschaftliche oder philosophische Abhandlungen. Darüber hinaus werden häufig Elemente der Satire, des Abenteuerromans oder des Reiseberichts verwendet, um utopische Fiktion zu erschaffen. (vgl. Sargent 1975, 137-42; Fortunati 2000, 635-7)

Obgleich der großen Auswahl an Definitionen scheint noch keine völlig treffende Variante gefunden und es entstehen wieder und wieder Einwände. Sargent (1975) fasst die Ursachen für die meisten Unstimmigkeiten wie folgt zusammen:

> First, there is More's original use of the word. Secondly, there is the usage that confuses utopian literature, utopian thought, and utopian communities. Thirdly, there is the problem of form versus purpose or intention. (Sargent 1975, 137)

Die häufig ungenaue Abgrenzung der verschiedenen utopischen Erscheinungsformen führt dazu, dass die meisten bisherigen Definitionsversuche in Bezug auf eine eindeutige Erkennung von literarischen Utopien kaum weiterhelfen (Sargent 1975, 137).

Abgesehen von der Verwirrung um derartig grundsätzliche Begrifflichkeiten, offeriert die utopische Literatur an sich ein Hindernis –

den starken Wandel utopischer Schriften. Vor allem im 20. Jahrhundert hat sich das utopische Genre stark verändert[81]. Viele ältere und ursprüngliche Definitionen haben keineswegs mehr Geltung für die modernen Utopien. Infolgedessen wurden immer neue Definitionsentwürfe unternommen, mit dem Ziel, die neuen Werke in eine Definition einbeziehen zu können. Eine verhältnismäßig allgemeingültige Umschreibung liefert Sargent (1975):

> [T]here is a general form for the term Utopia as a literary genre. It refers to works which describe an imaginary society in some detail. Obviously the completeness will vary. (142)

Mit dieser Erklärung wird ohne Frage eine weitreichende Palette von Werken abgedeckt. Jedoch liefert eine derartig allgemeine Definition kaum Anhaltspunkte für das Bestimmen eindeutiger Formmerkmale[82]. Um einen Vergleich verschiedener literarischer Werke zu unternehmen, muss es möglich sein, bestimmte Aspekte herauszugreifen und unter demselben Licht zu betrachten. Im Fall der Utopie wäre dies vor allem die Art der Informationsvergabe, denn es

> haben sich bewährte Konventionen der Informationsvergabe herausgebildet […] – Ziel dieser Konventionen ist immer, dem Leser möglichst geschickt das zunächst Fremde als verstehbar und logisch nahezubringen. (Bode 1993, 44-5)

Zu diesen Konventionen wird vor allem das besondere Verhältnis zwischen Narrativität und Diskursivität, aber auch die Herausbildung bestimmter Charaktere und ihrer informierender Eigenschaften gezählt. Weitere Aspekte, welche eine Basis für einen Vergleich bieten, sind auf der inhaltlichen Ebene zu finden. So wird in utopischen Werken immer wieder, mehr oder weniger vordergründig, der Konflikt zwischen menschlicher Natur und der Zivilisation thematisiert.

---

[81] „We must constantly keep before us the fact that the forms of utopia vary from one age to the next, not solely as a result of changing aesthetic criteria, but also due to the ideological stances of separate and successive utopian writers" (Fortunati 2000, 636).

[82] Seeber (1970) betont, dass gerade diese Offenheit eines der Merkmale der Utopie ist, „[d]enn die Utopie in der neutralen, weitgespannten Bedeutung des Begriffs ist letztendlich keine durch bestimmte Formmerkmale zu fixierende Gattung, vielmehr eine Idee, ein Thema mit geschichtlich bedinger [sic!] inhaltlicher Füllung […]" (271).

Die gesellschaftskritische Komponente ist jedoch der Aspekt, den alle Utopien gemein haben. In den folgenden Kapiteln wird ausführlicher auf diese Elemente utopischer Literatur eingegangen. (vgl. Seeber 1970, 238-43; Schulte-Middelich 1982, 41-2; Bode 1993, 44-5)

4.1 Narrativität vs. Diskursivität

Um eine alternative Gegenwelt so detailliert darzustellen, wie es in utopischen Romanen der Fall ist, benötigt man viel Raum. Die jeweiligen alternativen Entwürfe können entweder expositorisch beschrieben oder narrativ fiktionalisiert werden. Pfister (1982) nennt Platons *Politeia* (circa 370 v. Chr.) den Prototyp für einen diskursiven Gesellschaftsentwurf, also einer expositorischen Beschreibung jenes Staates (20). Viele frühe utopische Staatsentwürfe sind vorwiegend von diskursiven Elementen geprägt. Jedoch nahm die narrative Fiktionalisierung utopischer Romane immer mehr zu, und selbst in Morus' *Utopia* (1516) sind neben der diskursiven Rahmenhandlung narrative Elemente vertreten. Ganz allgemein geht die Tendenz hin zur Narrativität, weg von ausschließlich beschreibenden Werken[83]. Dennoch kommen selbst die meisten stark fiktionalisierten Utopien nicht ohne theoretisch beschreibende Passagen aus:

> Der innere Widerspruch zwischen der zur Illustration des utopischen Raumes notwendig umfangreichen 'Faktenvermittlung' und der von der Romanform geforderten Handlung und Figurenzeichnung kann immer nur durch einen Kompromiß [...] gelöst werden. (Seeber 1970, 245)

Derartige Kompromisse manifestieren sich einerseits als eingeschobene expositorische Textpassagen. Als Beispiel werden an dieser Stelle häufig Goldsteins theoretische Ausführungen in Orwells *1984* (1949) genannt. Andererseits wird es zunehmend gebräuchlicher, von einem ausführlichen Gesellschaftsentwurf zugunsten einer authentischeren

---

[83] „[...] eine vollkommen lineare Entwicklung vom expositorischen zum stärker narrativ bestimmten alternativen Weltentwurf [ist] nicht zu beobachten [...]" (Pfister 1982, 20).

Fiktionalisierung Abstand zu nehmen[84]. (vgl. Pfister 1982, 20-1; Fortunati 2000, 637)

Zu den verschiedenen Fiktionalisierungsverfahren zählt Pfister (1982) die Reise als Ausgangspunkt für die Entdeckung der alternativen Welt (20). Zusätzlich beeinflusst von zunehmend populär werdender Reiseliteratur des 18. und 19. Jahrhundert, hat sich das Motiv der Reise zu einem Standardmerkmal vieler utopischer Romane entwickelt. Außerdem wird häufig auch eine Liebesgeschichte als Fiktionalisierungsgegenstand integriert und ermöglicht „durch eine gewisse Intimität und Privatheit eine Art Gegengewicht zur Öffentlichkeit der politisch-sozialen Sphäre" (Pfister 1982, 21). (vgl. Pfister 1982, 20-1; Minerva 2000, 614-6)

Pfister (1982) weist auch auf die enorm wichtige Rolle hin, welche die Erzählsituation für die narrative Vermittlung von fiktiven alternativen Welten einnimmt (22). So wird diese in einigen utopischen Romanen am Anfang ausführlich besprochen: „Manche Autoren verspüren offensichtlich ein Bedürfnis, die narrative Präsentation zu begründen und zu legitimieren" (Pfister 1982, 22). Dabei wird häufig der kommentierende Ich-Erzähler[85] aus der dem Leser bekannten oder einer sehr ähnlichen Welt genutzt (22-3). So schickt beispielsweise Ernest Callenbach seinen Reporter William Weston in *Ecotopia* (1975) aus dem uns vertrauten Amerika in das utopische Ökotopia. Davon ausgehend, dass der Leser eine ähnliche Sichtweise auf die fremde Gesellschaft entwickelt, setzt sich Weston mit den ökotopischen Eigenarten geradeso auseinander, wie es sicherlich auch der Durchschnittsleser tun würde. In diesem Sinne kann Callenbach relevante Themen auf für den Leser nachvollziehbarer Weise thematisieren.

---

[84] Diese Entwicklung begründet sich im „[...] Verzicht auf eine umfassende, alle Bereiche umspannende Darstellung der alternativen Welt [, was] ein Zurücktreten der expositorischen Textteile bedingt und eine stärkere Fiktionalisierung ermöglicht, da einer fiktiven *histoire* Vorrang vor einem kompletten Entwurf eingeräumt wird" (Pfister 1982, 21).

[85] Literarische Begrifflichkeiten dieses Kapitels beziehen sich auf die Definitionen in *Einführung in das Studium der Anglistik und Amerikanistik* (Böker 2000).

4.2 Charaktere

Die Charaktere utopischer Werke neigen zu einer flachen Charakterisierung. Dietz (1987) liefert hierfür eine nachvollziehbare Rechtfertigung:

> Charaktere in Utopien [sind] nicht an den selben Maßstäben zu messen, wie die in einem realistischen Roman. Geht man von der historischen Entwicklung der Utopie aus, so ist sogar die Funktion der Charaktere als 'bloße' Vertreter von Wertsystemen, die typische, ja stereotypische Züge tragen, nicht als Mangel anzusehen, sondern vielmehr als Voraussetzung für die auf den Leser abzielende Demonstration der Überlegenheit utopischer Institutionen. (63)

Demnach sind Protagonisten in klassischen utopischen Werken *flat characters*, welche meistens verschiedene Wertsysteme oder Weltanschauungen vertreten (Dietz 1987, 65). Um einen überzeugenden Gesellschaftsentwurf zu erschaffen, muss der Autor sehr viele Informationen vermitteln, was oftmals mittels der Figuren geschieht. Die Protagonisten der traditionellen Utopie sind demnach keineswegs komplexe Charaktere (*round characters*) und dienen vor allem zur Vermittlung von Informationen. In diesem Sinne fehlt ihnen häufig eine ausgeprägte Individualität, was jedoch ihrer vordergründigen Funktion, der Informationsvergabe, aber auch dem Repräsentieren verschiedener Wertesysteme, nicht im Wege steht. So wird beispielsweise Morus' Zwiegespräch zwischen Hythloday und More in *Utopia* (1516) von einigen Kritikern als literarische Verbildlichung des Autors gespaltener Ansichten interpretiert. Demgemäß werden beide Charaktere zu Repräsentanten unterschiedlicher Anschauungen, in diesem Falle allerdings von einer Person, nämlich Thomas Morus. Hythloday hat zusätzlich die informationsvergebende Funktion und berichtet vom fernen Utopia. Auch spätere Werke, wie etwa Huxleys *Brave New World* (1932), weisen eine derartig stereotype Charakterisierung auf. Huxley stellt den konventionellen Figuren, zum Beispiel Lenina Crowne oder Henry Foster, eine Reihe von Charakteren mit alternativen Ansichten gegenüber, zum Beispiel Bernard Marx oder Helmholtz Watson. (vgl. Bode 1993, 44; Fortunati 2000, 638)

In vielen utopischen Werken übernimmt die Figur des Cicerone die vorrangige Rolle der Informationsvergabe. Häufig in Gestalt einer Geliebten oder eines Geliebten wiederzufinden, ermöglichen jene 'Führer' zudem das Vordringen des Lesers in private Sphären der Gesellschaft, welche sonst einem normalen Reisenden nicht unbedingt zugänglich sind (Pfister 1982, 24-5). So geschehen beispielsweise in Callenbachs *Ecotopia* (1975), in dem Marissa Weston die Eigenheiten ihrer ökologisch orientierten Heimat erklärt. In Huxleys *Island* (1962), ist es keine Geliebte, sondern der enge Freund Dr. Robert McPhail, der Will Farnaby die Eigenheiten der utopischen Gesellschaft Palas näher bringt. Gleichwohl gibt auch Werke wie *The Time Machine* (1895), die ohne einen Cicerone auskommen. In diesem Falle ist der Reisende gezwungen, sich ohne Interpretationshilfe in der fremden Welt zurechtzufinden.

Ähnlich wie die zunehmende Fiktionalisierung wird die Charakterisierung utopischer Figuren mehr und mehr ausgebaut. So weist beispielsweise Fortunati (2000) auf die „introduction of psychological characterization" vor allem im 20. Jahrhundert hin (638). Hier ist es nicht mehr ein Erzähler der

> summarisch über die utopische Gesellschaft als undifferenziertes Ganzes berichtet, sondern sie im Bewußtsein einer oder mehrerer Personen spiegelt und vermittelt. Was sich in der Formanalyse als deutliche Verringerung der Erzähldistanz anbietet, geht nun aber thematisch Hand in Hand mit einer Veränderung der anderen Gesellschaft selbst. Die ideale Gleichförmigkeit des utopischen Kollektivs weicht einem differenzierteren Bild, Konflikte und Spannungen werden sichtbar, durch die konkrete fiktive Verwirklichung des abstrakten Entwurfs wird bewusst seine Fragwürdigkeit demonstriert. (Seeber 1970, 249)

In diesem Sinne wird eindeutig geklärt, dass es sich um den Entwurf alternativer, nicht zwingend idealer Gesellschaften handelt. Insbesondere dystopische Romane nutzen zunehmend diese Art der Charakterisierung, da somit der Konflikt zwischen Individuum und einem häufig totalitären Staatssystemen besonders gut verdeutlicht werden kann. (vgl. Fortunati 2000, 638; Bode 1993, 50)

4.3 Konflikt Zivilisation vs. Natur

Der Zwiespalt des Individuums gegenüber dem Staatssystem wird auch häufig als Konflikt zwischen der Natur des Menschen und der Zivilisation interpretiert. Die Menschheit scheint schon immer auf der Suche nach der Gründung einer perfekten Gesellschaft (Fehlner 1989, 35). Bereits Platon und Aristoteles erschufen Pläne, welche darauf abzielten, den vollkommenen Staat zu definieren: „Plato developed, and Aristotle refined, a four-step procedure for constructing an ideal commonwealth" (Logan 1989, xxiv). An erster Stelle steht dabei das Glück des Individuums. Danach müssen die Ziele der Gesellschaft zu Nutzen des Einzelnen abgestimmt werden. Natürlich muss auch geklärt werden, welche äußeren Voraussetzungen dies gewährleisten können. Schließlich gilt noch zu analysieren, welche genaue Form die Grundsätze annehmen müssen, um eine wahrlich ideale Gesellschaft hervorzubringen. In einer großen Anzahl utopischer Werke fand jener antike Plan seine Anwendung. Immer verbunden mit der Intention, die jeweils zeitgenössische Gesellschaft zu kritisieren, haben Autoren utopischer Literatur angestrebt, alternative Gesellschaftsmodelle darzustellen. (vgl. Schulte-Middelich 1982, 57; Logan 1989, xxiv; Fortunati 2000, 638)

Betrachtet man die verschiedenen utopischen Entwürfe, erkennt man schnell, dass sich die Vorstellungen über das ideale Leben eines Menschen im Laufe der Zeit sehr verändert haben. Die literarische Utopie hat sich vor allem durch die Veränderung des vorherrschenden Weltbildes gewandelt[86]. Daraus ergibt sich zudem, dass selten Einigkeit darüber herrschte, was wirklich das Beste für das Individuum ist. Außerdem bereitet die Vereinbarkeit der individuellen und gemeinschaftlichen Ideale oder Ziele die größten Probleme:

> [P]olitical theorists have seen or formulated the fundamental social problem as lying precisely in the tension between human conflict and human cooperation, between discord and harmony. They have portrayed this tension in different

---

[86] „In dieser Hinsicht ist eine Analogie zwischen wissenschaftlichem Weltbild und den Grundmustern literarischer Utopien feststellbar, die nicht lediglich mit der normalerweise betonten Darstellung technischer Errungenschaften und Entwicklungen in utopischen Texten gleichzusetzen ist" (Dietz 1987, 128).

guises, as the struggle between egoism and altruism, [...] between civil society and the political state, nature and civilization [...]. (Kamenka 1987, 71)

Der Konflikt erfordert Kompromisse. Inwiefern ein utopisches Werk jedoch einen positiven (eutopisch) oder negativen (dystopisch) Lösungsversuch zur Überwindung solch tiefgreifender Spannungen darstellt, liegt meist im Auge des Betrachters. Häufig wird die persönliche Freiheit des menschlichen Individuums zugunsten der Stabilität eines utopischen Staates eingeschränkt. So können beispielsweise die Bürger in Morus' *Utopia* (1516) nicht beliebig verreisen. Wohingegen die Einwohner Ökotopias ihre Konsumlust auf ihre Grundbedürfnisse beschränken müssen. In dystopischen Werken, wie Orwells *1984* (1949) oder Huxleys *Brave New World* (1932), wird die Einengung der Person besonders deutlich. Hier wurde die Gesellschaft ganz direkt als Gegner des Individuums konzipiert – somit als Instanz, welche gegen die natürlichen Bedürfnisse des Menschen gerichtet ist (Bode 1993, 50).

4.4 Gesellschaftskritik

Oft wurden utopische Werke als Entwürfe idealer Gesellschaften verstanden. Patrick (1976) weist jedoch darauf hin, dass

> most utopias have been more significant and influential in their normative and iconoclastic functions than as ideals and models: they upheld imagined societies with which readers inevitably compared and judged their own [...]. Indeed, the traditional approach to utopias as models, exemplars, and ideals often distracts readers and critics from their central practical importance. (157-8)

Oft war man sich zwar bewusst, dass es sich um eine gewisse Art der Gesellschaftskritik handle, jedoch gab es immer wieder Diskussionen darüber, wie ideal die dargestellten Gesellschaftsentwürfe wirklich seien. In diesem Sinne argumentieren viele Kritiker, dass bereits Morus sein *Utopia* (1516) bewusst fehlerhaft erschaffen haben musste, denn gewisse Bestandteile von Morus Gesellschaft lassen sich keineswegs mit dem Anspruch eines idealen Weltentwurfs vereinen[87]. Logan (1989) erklärt die Widersprüchlichkeiten in *Utopia* (1516) als Versuch Morus', eine unnatürlich anmutende Perfektion des Gesellschaftskonstruktes zu vermeiden (xxvi-xxviii). Eine große Anzahl von utopischen Werken ist von einer Ambivalenz geprägt, was die Interpretation anbelangt. Patrick (1976) ist der Ansicht, dass die meisten Utopien von Anfang an ikonoklastisch[88] waren, also etablierte Gesetze und Normen zu kritisierten versuchten. Demnach strebten die Autoren utopischer Werke an, eine wahrhaft perfekte Gesellschaft zu portraitieren. Die utopische Gesellschaftsbeschreibung wird sozusagen zu einer „norm or standard for comparison: he [the author] points to an alternative with which known societies may be contrasted" (Patrick 1976, 159). Dass die ikonoklastische Funktion der Utopie im 20. Jahrhundert enorm wichtig geworden ist, zeigt sich auch dadurch, dass sie sich zum dominanten Element entwickelte: „[T]aking the form of anti-utopias, dystopias, science-fiction maps of hell that are nearly all negative and adversely critical in their emphases" (159-60). (vgl. Patrick 1976, 158-60)

Die Gesellschaftskritik kann man demnach als die wichtigste Funktionen der literarischen Utopie verstehen. Koppenfels (1981) versteht das Wesen der Utopie als

> systematische[n] Entwurf einer Gegenwelt zur Aktualität; ein bei aller Unterhaltsamkeit als lehrhaft einsichtiges Konstrukt, das Spiegelung [...] mit Gegenbildlichkeit [...] verbindet und durch radikalen Perspektivenwechsel die Bedenklichkeit des Bestehenden enthüllt." (22)

Demnach können utopische Werke helfen, die menschliche Existenz und Geschichte zu erklären und sorgen auf eine unterhaltsame Art und Weise für die Weiterbildung des Lesers. Folglich kann der Utopie eine maßgeblich didaktische Funktion zugeschrieben werden. An dieser Stelle wird die Relevanz der Utopieforschung deutlich, denn der

---

[87] Logan (1989) nennt als bedeutende Widersprüche „the severe restriction of personal freedom [...], the troubling aspects of Utopian foreign policy" (xxvi).
[88] Ikonoklastisch bezieht sich auf den Ikonoklasmus, welcher die „Abschaffung u. Zerstörung von Heiligenbildern" beschreibt (Wissenschaftlicher Rat der Dudenredaktion 2000, 592).

gezielte Einsatz von utopischer Literatur kann als Mittel der Bewusstmachung eingesetzt werden. Die Auseinandersetzung mit utopischen Werken kann aber auch dabei helfen, seine eigene Gesellschaft besser zu verstehen. (vgl. Fehlner 1989, 25-31)

5 Einführung in Inhalte und Themen ausgewählter Texte

„Mateship? Landscape? Nationalism? Is what we have received from our literary past so thin that the simple labels do, in fact, suffice?"
(Heseltine 1962, 38)

Ziel des vorliegenden Kapitels ist, herauszufinden, ob sich die ausgewählten australischen utopischen Romane über Heseltines begrenztes Themenspektrum hinwegsetzen. Dazu werden die behandelten Werke zunächst näher vorgestellt. Jeweils anschließend an die inhaltliche Einführung folgt zum besseren Verständnis der Werkinhalte die Klärung der entsprechenden historischen Hintergründe. Dadurch wird verdeutlicht, weswegen es beispielsweise so eine große Anzahl von Werken gibt, die sich mit der Suche nach einer australischen Identität auseinandersetzen.

Die thematische Kategorisierung der ausgewählten Werke in diesem Kapitel begründet sich auf zwei Faktoren: der Beschaffbarkeit der Texte und den typischen Themen australischer Utopien[89]. So gibt es zwar in der australischen utopischen Literatur zahlreiche wiederkehrende Themen und Motive, deren erschöpfende Analyse kann jedoch im Rahmen der vorliegenden Arbeit nicht realisiert werden.

5.1 Australischer Sozialismus und die Arbeiterbewegung

Sozialistisch anmutende Denkmodelle sind seit Platon und Morus wichtige Motive der utopischen Gattung (Kluge 1982, 197). „Socialists, indeed, have recognized and consistently displayed a strong and largely sympathetic interest in the Utopian tradition" (Kamenka 1987, 73). Vor allem Ende des 19.Jahrhunderts hatten Werke wie Bellamys *Looking Backward* (1887) großen Einfluss auf Australiens Literaturlandschaft. Im Folgenden werden zwei australische Utopien inhaltlich eingeführt, die eindeutig sozialistische Motive aufweisen: *Socialist Melbourne* (1936) von Ralph Gibson und *Tomorrow and Tomorrow and Tomorrow* (1947) von M. Barnard Eldershaw. Zum besseren Verständnis des

---

[89] vgl. hierzu auch Kapitel 3.1.7

sogenannten *Australian Socialism* werden im Anschluss die historischen Hintergründe des Phänomens näher beleuchtet: Inwiefern eignete sich Australien ganz speziell für sozialistische Phantasien?

5.1.1 Werke

Socialist Melbourne (1936)

Obwohl das Werk erst 1951 veröffentlicht wurde, ist aus verschiedenen Bibliographien ersichtlich, dass es ursprünglich in den 1930ern verfasst wurde, möglicherweise 1936 oder 1937 (Sargent 1999, 150). Auch über Ralph Gibson (1906-) ist verhältnismäßig wenig bekannt, nur dass der Autor an der *Melbourne University* studierte und sich politisch stark engagierte, 1932 trat er der kommunistischen Partei Australiens bei. (vgl. Monash University 2005)

Inhaltlich handelt *Socialist Melbourne* von der Zukunft der australischen Stadt Melbourne. Wie der Name schon vermuten lässt, herrscht in Melbourne Sozialismus. Der Autor lädt den Leser ein, einen vorsichtigen Blick in die Zukunft zu werfen und leitet die Situation folgendermaßen ein:

> 19--?
>
> This is Socialist Melbourne. It is five years since a Socialist Government was elected to power in Australia. It is still peace-time. A third world war has been prevented by the organised strength of the people of all countries who want peace. (Gibson 1936, 3)

An keiner Stelle wird ein Versuch unternommen, zu erklären, auf welche Weise dieser 'Blick' in die Zukunft ermöglicht wird. Gibson nimmt den Leser mit und erklärt nur kurz in einem kleinen Kapitel, wie es zur Vorherrschaft des Sozialismus gekommen ist. Dies war keineswegs ein langwieriger Prozess, sondern eher ein kurzer gewalttätiger Kampf und der Kapitalismus war besiegt.

Socialist Melbourne hat keine Handlung im traditionellen Sinne. In mehreren sehr kurzen Kapiteln beschreibt der Autor die Stadt und geht dabei auf verschiedene Bereiche der Gesellschaft ein. Die Stadt scheint sich zu einem sozialistischen Paradebeispiel aus dem Propagandaheft entwickelt zu haben. Die sozialistische Wirtschaft hat ihren Schwerpunkt in Kohleabbau und Stahlproduktion mit einem sehr geringem Naturverständnis. Themen wie Lebensverhältnisse, Frauenarbeit, Bildung, Städteplanung, freie Rede, Strafrecht und Armee werden kurz erläutert, immer mit Bezügen zu jeweilig vorherrschenden Umständen in einem Australien, als noch der Kapitalismus das Weltbild beherrschte.

Tomorrow and Tomorrow and Tomorrow (1947)

Von Pordzik (2002) zur „undoubtedly the most sophisticated literary work in the Australian utopian canon to this point" (23) erkoren, stellt *Tomorrow and Tomorrow and Tomorrow* für ihn eine Kombination der vorherrschenden Tendenzen in der australischen utopischen Literatur dar – zum einen der ausgeprägte Zukunftsoptimismus, zum anderen aber auch das Bewusstsein über das lebensfeindliche Land und die Gefahr der Invasion (23).

Tomorrow and Tomorrow and Tomorrow ist der fünfte und letzte Roman der Zusammenarbeit von Marjorie Barnard (1897-1987) und Flora Eldershaw (1897-1956) unter dem Pseudonym M. Barnard Eldershaw. Neben jenen fünf fiktiven Werken verfassten die beiden Schriftstellerinnen drei Geschichtsstudien, einen Band Literaturkritik und unzählige Zeitschriftenartikel. Die Karriere als Autorenduo dauerte etwa von den 1920ern bis in die späten 1940er und verschaffte den beiden einen hohen Bekanntheitsgrad. Sie werden als erfolgreichste Literaturkollaboration in der Geschichte Australiens angesehen. In Anbetracht dessen ist es umso erstaunlicher, wie wenig Information über die Details ihrer Zusammenarbeit bekannt ist. Noch dazu sind diese Berichte oft fehlleitend und verwirrend. Die Schriftstellerinnen selbst haben kaum Manuskripte hinterlassen. Von den beiden Autoren war Barnard die bekanntere und manch Kritiker vermutete sie als einzige Person hinter dem Pseudonym. Eldershaw starb früh, während sich Barnard als Verfasserin von Kurzgeschichten und Historikerin etablierte und bis in die 1970er schriftstellerisch tätig war. (vgl. Chisholm 1983, vii; Dever 1995, 65-8; Dever 2004, 129)

Tomorrow and Tomorrow and Tomorrow wurde in den letzten Jahren des Zweiten Weltkrieges geschrieben und 1947 erstmalig veröffentlicht. Es war ein langwieriger Entstehungsprozess, welcher schon Ende der 1930er von Marjorie Barnard eingeleitet wurde. Hauptsächlich initiiert von Barnard, bemängelt sie selbst das fehlende „critical judgement" ihrer Kollegin Eldershaw (Barnard 1970, 329). Die ausgedehnte Entstehungsphase wurde zusätzlich durch die Papierknappheit der Nachkriegsjahre und schließlich durch die Zensur verlängert. Die zensierten Teile des Romans „often made nonsense of the argument and so weakened the whole fabric" (329), bemängelt Barnard und macht die Aussparungen für den zunächst ausbleibenden Erfolg des Romans mitverantwortlich. Das Werk wurde unterschiedlich aufgenommen und erhielt zunächst kaum überragende Kritiken, bevor es schnell wieder in die Vergessenheit geriet. Obwohl Barnard sich selbst als ausgesprochene Liberale darstellt, wurde sie von allen Seiten kritisiert – nicht nur als zu reaktionär sondern auch als zu konservativ. (vgl. Barnard 1970, 328-30; Burns 1970, 320; Chisholm 1984, xii-xiv)

1983[90] wurde der Roman ein weiteres Mal veröffentlicht, diesmal in der unzensierten Fassung. Dennoch fand auch diese Version ihre Kritiker. So empfindet Saunders (1999) die wiederhergestellte Fassung als weniger überzeugend (246). Er bezweifelt, dass das Zurückverfolgen des eigentlichen Textes eindeutig möglich ist, was daher oft wenig Sinn macht: „Paradoxically, [...] the 'censored' version is more clearly revolutionary than the 'uncensored' version" (Saunders 1999, 248). Die Änderungen der vorliegenden Version betreffen jedoch ausschließlich die Binnenhandlung und sind daher für die Betrachtung des utopischen Gesellschaftsentwurfs der Rahmenhandlung kaum relevant.

Die Rahmenhandlung ist völlig in der Zukunft angelegt und beschreibt Knarf, der einen traditionellen Roman „Little World Left Behind" (Eldershaw 1947, 170) vollendet hat und diesen seinem Freund Ord vorliest. Man könnte sagen, die beiden Freunde unternehmen eine literarische Reise in die Vergangenheit. Der Roman im Roman macht den Großteil von *Tomorrow and Tomorrow and Tomorrow* aus und beschreibt das Leben Harry Munsters und seiner Familie im Sydney der frühen 1920er bis Mitte 1940. Umfangreich wird der Alltag dieser

---

[90] Im selben Jahr erhielt *Tomorrow and Tomorrow and Tomorrow* den *Patrick White Award*, „honouring older writers whose work has not received due recognition" (Roe 1984, 241).

durchschnittlichen Familie und anderer Personen in deren Umfeld dargestellt. Dabei erlebt der Leser, wie eine Reihe von Personen Phänomene wie den Wirtschaftsboom und die darauf folgende Wirtschaftskrise sowie die Einschränkungen des Lebens durch den Krieg wahrnehmen.

Oftmals nur anhand Ords Reaktionen auf verschiedene Begebenheiten in der Vergangenheit kann der Leser Schlüsse ziehen, was die zukünftige utopische Gesellschaft für eine Gestalt hat. In der Rahmenhandlung findet keine detaillierte Beschreibung dieser Utopie statt und der Leser ist gezwungen, ein Bild 'zwischen den Zeilen' zu kreieren. Vor allem der erste der fünf Teile des Romans, *Aubade*, gibt dem Leser Aufschluss über das Land und die Entstehung der dementsprechenden Gesellschaft. Jedoch findet an keiner Stelle eine klar gegliederte, nach Themenbereichen sortierte Einführung in die Gegebenheiten und Umstände des Australiens im 24. Jahrhundert statt. Der Leser weiß, dass es sich um eine zentrale technokratische Regierung handelt und um einem Staat, dessen Einwohnern es an persönlicher Freiheit mangelt. Dieses 'oberflächliche' Wissen wird von Zeit zu Zeit gut durch Knarfs Gedanken widergespiegelt, wie:

> If we looked back at today instead of living in it, we would say it was the Golden Age, […]. There has never before in the whole history of man been anything like this, peace and plenty. (Eldershaw 1947, 19)

Interessanterweise ist es genau das, was Eldershaw in *Tomorrow and Tomorrow and Tomorrow* versucht – die zeitgenössische Situation mit einem distanzierten Blick aus der Zukunft betrachten. In *Morning*, dem zweiten Teil des Werkes beginnt Knarf schließlich seinem Freund Ord den Roman vorzulesen. Immer wieder unterbrechen nähere Erläuterungen des Textes die Geschichte über Harry Munster. So kommt es beispielsweise dazu, dass Knarf erklärt, wieso er das Buch geschrieben hat:

> 'I've wanted to make again that lost world […]. Man's creation had gone past him […]. Civilisation was loaded with an insufferable burden, the wrong sort of plenty. […]' (90)

Weitere Unterbrechungen der Lesung finden zum Beispiel statt, als Ord feststellt, dass Knarf mit diesem Buch auch die Beziehung zu seinem eigenen Sohn Ren verarbeitet oder wenn Knarf seine Protagonisten näher erläutern möchte. Die beiden Freunde unterbrechen den Roman an der Stelle, an welcher der Zweite Weltkrieg ausbricht und begeben sich zum Essen mit Bekannten. Die Handlung des dritten, verhältnismäßig kurzen Teils *Symposium* zeigt eine Diskussionsrunde und ist vollständig in der Zukunft angelegt. Das Streitgespräch handelt vor allem von der geplanten Wahl, in der es um eine Abstimmung über das Recht auf persönliche Freiheit geht. An dieser Stelle werden dem Leser die möglichen Schattenseiten dieses goldenen Zeitalters näher gebracht. Die ältere Generation hat sich mit den vier Errungenschaften der Menschheit abgefunden:

> '[…] First the substitution of indirect for direct power, that is, the raising of life from an individual to a consciously communal basis. [...] Secondly the conquest of scarcity […]' (219),

und schließlich die

> last two conquests of man, distribution – 'the equitable organization and distribution of the fruits of production' – and the establishment of world peace […]. (223)

Die jüngere Generation, so zum Beispiel Knarfs Sohn Ren, erstrebt jedoch zusätzlich persönliche Freiheit und scheint bereit zu sein, dieses Ziel mit allen Mitteln durchzusetzen. Erst in *Afternoon*, dem vierten Teil, liest Knarf weiter aus seinem Roman vor. Genau wie im zweiten Teil unterbricht Ord, beziehungsweise Knarf, die Lesung, um eventuelle Fragen oder Erläuterungen vorzubringen. Schließlich endet Knarfs Roman mit der Opferung Sydneys:

> The destruction of the city was only a symbol, an act of repudiation of all the city had come to mean, a gesture single in all its complexity, and a solution only in so far as by destroying the accepted mould it forced men to create another. (Eldershaw 1947, 415)

Nocturne, der letzte Teil der Rahmenhandlung, berichtet von der misslungenen Wahl. Der Roman endet schließlich mit einem klärenden Gespräch zwischen Vater und Sohn. Letztendlich wird klar, dass die

Menschheit in 400 Jahren bezüglich der persönlichen Freiheit eines jeden Menschen kaum Fortschritte gemacht hat.

Anhand der Binnenerzählung werden die Anfänge des Siegeszuges der sozialistischen Arbeiterbewegung geschildert und somit die Entstehung der zukünftigen Gesellschaft verdeutlicht. In den Augen vereinzelter Gruppierungen scheint dennoch die persönliche Freiheit nicht erreicht. In diesem Sinne hat die Menschheit nach 400 Jahren Weiterentwicklung kaum einen Schritt zur Gewährleistung wahrhafter persönlicher Freiheit tätigen können. Die Anstrengungen der Friedenspartei im 20. Jahrhundert der Binnenerzählung weichen grundsätzlich kaum von denen der Jugendlichen in der zukünftigen Rahmenerzählung ab. Beide Gruppen versuchen mit verschiedenen Mitteln, verhältnismäßig ähnliche Ziele durchzusetzen, nämlich die Verwirklichung des Freiheitsprinzips. (vgl. „Das Australien der Zukunft" 2000, 263-6)

5.1.2 Historischer Hintergrund

Der Sozialismus, vorangetrieben durch William Lanes *The Workingman's Paradise* (1892)[91], war ein einflussreiches Phänomen in der australischen Gesellschaft. Für verschiedene Kritiker gibt es keinen passenderen Ort als Australien, um den echten Sozialismus durchzusetzen:

> The phenomenon, in the case of Australian Socialism, lies in the fact that it is the first time in history that a new community, possessed of a whole continent, consisting of comparatively few individuals, and these all from one parent stock and working out their civilisation amidst comparatively unbounded natural resources, have, of their own deliberate volition, without the slightest trace of external or internal necessity, and in a period of universal progress and comparative prosperity, plunged deliberately and almost instantaneously into a course of action which is, in practice, the assertion of the principle that the individual exists mainly for the benefit

---

[91] William Lane wurde oft als 'Vater' des australischen Sozialismus bezeichnet (Ledger 1909, 7). (vgl. hierzu auch Kapitel 3.1.4)

of the State, and not the State for the benefit of the individual.[92] (Ledger 1909, 3)

Diese Möglichkeit macht Australien zum einzigartigen Standort, und das utopische Potential des Sozialismus hatte einen dankbaren Nährboden gefunden[93]. Während Kritiker wie Ledger (1909) gerade in der revolutionslosen Vorgeschichte Australiens den größten Vorteil für die Errichtung eines sozialistischen Staates sahen, gab es auch genügend Gegner dieser Ansicht. Beilharz (2001) betrachtet dies eher als Mangel an „myths of mission" (69). Einem Land wie Australien, welches eine Arbeiterklasse vor dem industriellen Kapitalismus hatte, fehle mit einer Revolution eine wichtige Grundlage auf dem Weg zu Selbstbestimmung. Jedoch gab es vor allem in den 1890ern genügend Optimismus im Sinne Ledgers, und Australien wurde zum *social laboratory* für den angewandten Sozialismus ernannt. Von 1880 wirkte der Staatssozialismus[94] für circa vier Jahrzehnte als eines der einflussreichsten Konzepte auf die australische politische Landschaft[95]. Auch stark beeinflusst durch den großen Maritimstreik von 1890 entwickelte

---

[92] Um die Jahrhundertwende kamen immer mehr Besucher nach Australien. Häufig Sozialisten oder Radikalisten, „who brought hope that Terra Australis Incognito would yield up the political secrets of the world" (Beilharz 2005, 78). Viele hinterließen Bücher mit aussagekräftigen Titeln wie *Socialism without Doctrines* (1901) von Albert Metins oder *The Labour Movement in Australasia* (1906) von Victor S. Clark (78).

[93] So war Australien 1910 das Land mit den meisten Gewerkschaften der Welt (Galligan 2001, 132).

[94] In Großbritannien war Staatssozialismus in den 1880ern ein viel diskutierter Begriff. Die Briten waren damit beschäftigt, welche Rolle der Staat in der Gesellschaft spielen sollte, was sich in vielen sozialistischen Bewegungen und Schriften äußerte. Für viele Historiker wird Staatssozialismus klar vom 'reinen' Sozialismus abgegrenzt. Dabei wurde viel darüber debattiert, wie man Sozialismus und Staatssozialismus am besten anwenden könnte und was genau die beiden Begriffe unterscheidet. „State socialists […] were social democrats, usually committed to parliamentarism to achieve their ends. They believed in the state as an agency for the people […]. They believed in regulated market economy and in public ownership where that would best serve their ends" (Moore 2006, 14). (vgl. Moore 2006, 14-6)

[95] „Such democratic and radical principles as equality, the demand for social justice, and the utopian ideal of a new and juster world for the workers, all became woven into the tradition, first, of unionism, and then of the Australian Labour Party" (Moore 1971, 44).

sich das ausgehende 19. Jahrhundert zu einer Zeit, in der sich die Erwartungen der Arbeiterklasse als wichtigen Bestandteil australischen politischen Denkens herausbildeten. Weiterhin führt Moore (2006) aus, dass

> [t]he maritime strike and its echoes […] did not just precipitate lengthy reports, vitriolic public addresses, and utopian novels. It also played a pivotal role in the emergence of the Labor Party in Australia. (19)

Jedoch hatte die australische *Labor Party*[96] Anfang des 20. Jahrhunderts keinen guten Stand in der australischen Gesellschaft und wagte es so nicht, sich vollends zum Sozialismus zu bekennen. Die Ideale des europäischen Sozialismus, geprägt durch Schriften Marx', Engels' und Bellamys, waren zwar lange Zeit theoretisch gültig für die Arbeiterpartei Australiens, im Parlament wurden jene Prinzipien jedoch zu keiner Zeit praktisch vertreten. Die sozialistische Arbeiterbewegung Australiens wurde sehr häufig stark kritisiert und bezeichnet als eine

> story of ideas imported from overseas, acclimatized in Australia, and subjected to the pressures and forced accommodations of the market-place of trade union and political party politics. […] the Labour movement has consistently […] been subject to intellectuals located elsewhere than in Australia. (Grattan 1974, 240)

Obgleich dieser politischen Unstimmigkeiten um die australischen *Labor Party* hielt sich das Image eines Australien als soziales Labor bis in die Nachkriegszeit, als die Partei begann, sich neu zu definieren. Gekrönt wurde dieser Wandel durch eine kurze sozialdemokratische Regierung unter Gough Whitlam[97] Anfang der 1970er. (vgl. Ledger 1909, vii-viii/40; Beilharz 2005, 69/78-9; Moore 2006, 14-8)

Der Sozialismus findet nicht nur in den Werken um die Jahrhundertwende Beachtung. Es gibt eine Vielzahl von teilweise auch theoretischen Schriften über die damaligen Entwicklungen in Australien.

---

[96] Die australische Arbeiterpartei (ALP) wurde 1891 gegründet (Mulligan 1991, 50).
[97] Whitlam war von 1972 bis 1975 Premierminister Australiens. Mit seiner Regierung verfolgte er eine progressive Politik, welche zusammenfassend als *New Nationalism* bezeichnet wurde. (vgl. Alomes 1988, 236-9)

Auch viel später noch trifft man immer wieder auf Elemente und Hinweise, dass diese Ideologie eine große Rolle für das Land gespielt hat. (vgl. Beilharz 2005, 78)

5.2 Identitätssuche einer jungen Nation

Die ständige Suche nach einer australischen Identität wird in der Literaturkritik zwar nicht als spezielles Phänomen der utopischen Literatur Australiens genannt, ist jedoch eine allgemein vorherrschende Problematik der australischen Gesellschaft und manifestiert sich somit auch in der Literatur des Landes (vgl. Moore 1971, 6; White 1981, 57-62; Siagan 1994, 350). Aufgrund seiner gesellschaftsbezogenen Tendenzen liefert gerade das Genre Utopie sehr interessante Möglichkeiten, sich mit dieser Thematik auseinanderzusetzen. So beschäftigen sich zwar die meisten australischen Werke mehr oder minder ausführlich mit der Stellung der australischen Nation, bei den beiden hier ausgewählten Romanen spielt jedoch die Zukunft Australiens und das Verhältnis zur restlichen Welt die zentrale Rolle. Auch im Anschluss der inhaltlichen Einführung von Nevil Shutes *In the Wet* (1953) und Helen Simpsons *The Woman on the Beast* (1933), werden die historischen Hintergründe und Entwicklungen des komplizierten Verhältnisses der Australier mit ihrer nationalen Identität näher erläutert.

5.2.1 Werke

The Woman on the Beast (1933)

Helen de Guerry Simpson (1897-1940) wurde in Australien geboren, zog jedoch als Sechzehnjährige nach England und kehrte nur für kurze Besuche in ihr Geburtsland zurück. Sie wurde als sehr begabte Schriftstellerin gehandelt und viele ihrer Werke wurden mehrmals gedruckt und teilweise verfilmt[98]. Ihre Romane sind häufig historisch und handeln nur selten von Australien. Eine Ausnahme stellt der dritte Teil des Romans *The Woman on the Beast* dar. Neben den ersten beiden Teilen *The Indies 1579* und *France 1789* ist auch *Australia 1999* eine in sich geschlossene Erzählung. Die drei Berichte werden lediglich durch Prolog und Epilog in einen Zusammenhang gebracht, welche die gemeinsame Thematik der drei Geschichten verdeutlichen. Simpson versucht aufzuzeigen, „that people may persecute not from malice or folly but from a desire for good" (Walton, 2000, 67). (vgl. Schulz 1960, 148-9; Clancy 1992, 140)

Die Hauptfigur Jane Cobbett lebt in einer neuen Welt. Australien ist das einzige Land, welches sich noch nicht der Weltreligion *New Gospel* angeschlossen hat. Aus diesem Grund wird dieser südliche Kontinent als „a reproach to civilisation. [...] Deaf to reason, blind to example [...]" angesehen (Simpson 1933, 343). Die gesamte Welt hat sich zu diesem neuen Glauben bekehren lassen und „the whole of the civilised world was singing the praises of God to the inspired words and music of a woman – Emma Jordan Sopwith" (342). Dieser einzig wahre Glaube *New Gospel* hätte, laut Predigern, die Lebensumstände aller Menschen in jeder Hinsicht verbessert und seit nunmehr 25 Jahren lebten die Menschen in Freiheit, Reichtum und Freude. Dass diese neue Welt nur ein vermeintliches Utopia ist, wird dem Leser schnell klar, vor allem in den Gesprächen der dogmatischen Jane mit ihrem unkonventionellen Vater. Aber auch Grundelemente jener zukünftigen Welt, wie etwa die Bücherverdnichtung im Jahre 1982 oder der angestrebte Analphabetismus, wirken in unseren Augen höchst fraglich und eher dystopisch.

---

[98] Verfilmt wurden *Saraband for Dead Lovers* (1948) und *Under Capricorn* (1949) von Alfred Hitchcock (Roberts 1988, 612).

Nun gilt es, den letzten unfügsamen Flecken dieser Erde zu zivilisieren. Jane wird als Touristin getarnte Spionin für einen Monat in das widerspenstige Australien geschickt. Das „land of the free" heißt Jane und acht weitere Touristen willkommen (Simpson 1933, 367). Das Australien, welches im Buch beschrieben wird, entspricht nicht völlig dem Land, wie es im frühen 20. Jahrhundert wirklich war. Jedoch ist die Romanversion Australiens der Realität ähnlicher als die beschriebene restliche Welt. Unter der Herrschaft der Gospler hat sich eine völlig neue Gesellschaftsform entwickelt. Dennoch weist auch die australische Gesellschaft Veränderungen auf und ist keineswegs das Australien, das der Leser kennt. Die zukünftigen Australier leben wie Nomaden in Zeltstädten, immer auf der Flucht vor den Anhängern des *New Gospel*, durch deren Verfolgung ein Überleben der australischen Bevölkerung in Großstädten unmöglich wird. Jene australische Gesellschaft weist zahlreiche Elemente auf, welche dem Leser vertraulich beziehungsweise normal erscheinen. So ist ein Mensch mit einem allgemeinen Geschichtswissen keine Seltenheit – unter Emma Jordan Sopwith jedoch stark verpönt und unerwünscht. Auch Mütter, die ihren Kindern die Brust geben, oder intensives Wettverhalten sowie blutige Religionsstrittigkeiten sind Elemente, die dem Leser aus seiner eigenen Gesellschaft nicht unbekannt vorkommen. Für Jane, der getreuen Anhängerin des *New Gospel*, sind derartige Verhaltensweisen schier verachtenswürdig. Zunächst erinnert die Situation an Lenina, welche in Huxleys *Brave New World* (1932) in die Wildnis gerät und das Leben der *savages* kennenlernt. Jedoch kommen in Jane Cobbett schon relativ früh ernsthafte Zweifel an der Authentizität ihrer Glaubensgemeinschaft auf:

> The posturings were ridiculous, the paintings barbaric; but for all the New Gospel talk of a New Israel, were not these people, with their tents in the desert, their hand-to-mouth existence, more kin to Old Israel than the New Gospellers, safe in their steel towns? Did not the uncertainty of this tribal life correspond more nearly with that led by God's chosen people in the Scriptures? Jane was loyal, she drove the thought away, but it had made its entry and left irritation behind. (375-6)

Jane findet Gefallen an einer dieser blutigen Auseinandersetzungen und fühlt sich berufen, im Land und bei den Menschen zu bleiben, um mit ihnen zu kämpfen. Natürlich versucht die Neue Welt, Jane zurückzuholen, und vielerorts wird nicht geglaubt, dass sie wirklich diesen 'Wilden' beistehen möchte. Der offizielle Plan, Jane zu retten, stellt sich letztendlich als Falle heraus. Sopwith nutzt die Gelegenheit des traditionellen australischen Brückenfestes, alle Bewohner des Kontinents mit einem Schlag auszulöschen. Aus tiefster Verachtung und sich in aussichtsloser Lage befindend überzeugt Jane einen australischen Piloten, ein Flugzeug in die gegnerischen Maschinen zu steuern. In der Neuen Welt wird Janes Tat als Märtyrertod dargestellt und die Massenvernichtung als notwendiges Übel zum glorreichen Siegeszug des *New Gospel* erklärt. Schließlich besiegelt jedoch Blutregen zu den Geburtstagsfeierlichkeiten der Führerin Emma Sopwith den Kreuzzug als Niederlage.

In diesem Werk wird Australien als Utopie und letzten Flecken wahrer Menschlichkeit beschrieben. Die restliche Welt ist eine Dystopie unter der religiösen 'Fuchtel' Emma Jordan Sopwiths und ihrer Anhänger. Im Glauben, die einzig wahre Religion auf der gesamten Welt zu verbreiten, wenn nötig mit Gewalt, steuert sie der scheinbar ausweglosen Apokalypse entgegen.

In the Wet (1953)

Der vollständige Name des gebürtigen Engländers lautet Nevil Shute Norway (1899-1960). Der Autor war in der Luftfahrt tätig, weswegen viele seiner Romane oft mit ausführlichen technischen Details angereichert waren. Außerdem verfasste er ungefähr zwanzig, teilweise sehr erfolgreiche Romane. Im Jahre 1949 wanderte er nach Australien aus, aufgrund seines Unmutes gegenüber der Politik Großbritanniens. Vor allem seine späten Werke beschäftigten sich mit sozialen Ideen und Experimenten, welche oft seine negative Einstellung dem Sozialismus gegenüber widerspiegelten. Um derartige Gedankenexperimente durchzuführen, greift er häufig auf das utopische Genre zurück. Oft stellte er einer positiven australischen Gesellschaft das seiner Ansicht nach verkommene Nachkriegsengland gegenüber. Auch einige seiner Romane wurden verfilmt[99]. (vgl. Clancy 1992, 142; Croft 2000, 698-9)

---

[99] *A Town Like Alice* (1956) und *On the Beach* (1959) (Croft 2000, 699).

In Nevil Shutes Roman gibt es eine Rahmenhandlung, erzählt von Roger Hargreaves, einem gealtertem Prediger der anglikanischen Kirche. Mitte des 20. Jahrhunderts arbeitet dieser in Landsborough, einem kleinen Ort in Nordqueensland. Dort lernt er Stevie Figgins kennen, einen ungezügelten Säufer, der gern und häufig in Schwierigkeiten gerät. Roger entwickelt ein spezielles Interesse für den mittellosen alten Mann und ist natürlich zur Stelle, als dieser inmitten der Regenzeit im Sterben liegt. Auf dem beschwerlichen Weg über geflutete Wege und hindernisreiche Straßen verliert die Krankenschwester ihr Arzneiköfferchen. Das wiederum führt dazu, dass der hochkranke Stevie nur noch mit dem Opium seines asiatischen Mitbewohners vom Schmerz befreit werden kann. Stevie beginnt zu erzählen, was von Priester Roger als eindeutiges Halluzinieren identifiziert wird. Ungefähr an dieser Stelle beginnt die unkonventionelle Reise in die Zukunft. Es ist in keiner Weise eindeutig geklärt, auf welche mysteriöse Art der Priester die folgende Geschichte erlebt. Jedenfalls ist der Leser mit einem Mal mittendrin – in der Lebensgeschichte des David Anderson.

Dieser ist zu einem Viertel Aboriginal und in einem utopischen Australien im ausgehenden 20. Jahrhundert aufgewachsen. Nach einer langen, erfolgreichen Ausbildung schafft er den Aufstieg zum Testpiloten in einem sehr dystopisch anmutenden England. In Gesprächen mit Freunden und Bekannten wird verdeutlicht, das Großbritannien die beste Zeit hinter sich hat. Nach dem Zusammenbruch der Wirtschaft in den 1970ern ist das Land am Ende. Vor allem das Verhältnis der Bevölkerung zum Königshaus empfindet David als zutiefst beunruhigend, wohingegen er die englische Krone wie alle Australier sehr schätzt. Immer wieder vergleicht er das heruntergekommene England mit dem glorreichen Australien, welches als erstes ein revolutionäres Mehrstimmenwahlrecht eingeführt hat und wo alles im Überfluss existiert – die Menschen bauen eigene Häuser, haben ausreichend sowie qualitativ hochwertige Nahrung und bekommen angemessen hohe Löhne.

David wird zum persönlichen Piloten der Königin gemacht, für ganz spezielle Flüge, vor allem nach Australien. Die Liebesgeschichte mit Rosemary, einer englischen Angestellten des Königshauses, entwickelt sich zur intensiven Informationsquelle über die Situation der

Royals. Zusätzlich durch seinen Job ist es David und somit auch dem Leser möglich, geheime Einsichten in die ernsthaft problematische Lage des britischen Königshauses zu erlangen. Letztendlich geht es soweit, dass die Königin ihren Regierungssitz nach Australien verlegt „the coming centre of the Commonwealth, where all the great affairs will happen in the future" (Shute 1953, 262). Gleichzeitig wird ein Generalgouverneur in Großbritannien eingesetzt, bis sich die Situation gebessert hat. Durch die entspannte Lage hat David schließlich Zeit, seine Rosemary zu heiraten.

Mit dem Aufwachen des Priesters Roger setzt die Rahmenhandlung wieder ein. Der Kirchenmann ist immer noch sehr verwirrt und kann sich nicht vorstellen, dass dieses für ihn sehr reale Erlebnis nur ein Traum gewesen sein soll. Noch dazu bezeugt die Krankenschwester, der Pfarrer hätte die ganze Nacht ruhig geschlafen. Der alte Stevie war inzwischen verschieden und es gilt, ihn zu begraben. Pater Roger lässt die Geschichte jedoch nicht los. Als er eines Tages zur Taufe eines Jungen gerufen wird, scheint sich sein Erlebnis als möglicherweise wahrhafte Zukunftsvision herauszustellen. Interessanterweise ist der Neugeborene zu einem Viertel Aboriginal und wurde am Tage Stevie Figgins' Todes geboren. Der Junge soll den Namen David Anderson tragen und Priester Roger erkennt seine hellseherische Erfahrung als Nachricht Gottes, den Jungen auf den richtigen Weg zu geleiten[100].

5.2.2 Historischer Hintergrund

Viele Kritiker sind sich einig, dass Australien selbst Anfang des 21. Jahrhundert noch auf der Suche nach einer nationalen Identität ist und somit die vollständige Entwicklung der Nation nicht abgeschlossen ist (vgl. Oswald 2000, 167; Galligan 2001, 145). Motive hierfür werden vor allem in der Entwicklung des Landes gesucht. Allererste Ursachen für das mangelnde nationale Bewusstsein werden in der Gründungs- und Frühgeschichte Australiens vermutet und zwar durch ein ausge-

---

[100] In diesem Sinne ermahnt der Priester den Vaters des Neugeborenen: „'You ought to give him a good schooling. You never know what people will turn into. He might rise to be anything before he dies.'" (Shute 1953, 337).

prägtes Minderwertigkeitsgefühl aufgrund des Sträflingshintergrunds zahlreicher erster Siedler (vgl. Prießnitz 1992, 355).

Das Verhältnis zum Mutterland Großbritannien ist zum Großteil für das schlechte Selbstbewusstsein und mangelnde nationale Identität verantwortlich. Da Australien lange nur ein 'Tochterland' und eine Kolonie dieser riesigen europäischen Nation neben vielen anderen war[101]. In diesem Sinne wurde Australien oft auch als „rural province of Britain" oder „extension of England" angesehen (Alomes 1988, 96/99)[102]. Das Verhältnis der beiden Nationen interpretieren Kritiker oft folgendermaßen, wie etwa Stephenson (1935):

> Britain, it may be, has had the best of the deal financially. [...] We accept British exploitation of Australia as a natural fact, and scarcely protest. The price has been worth it, for has not Britain sent us, as makeweight and compensation for economic exploitation, the great heritage of her laws, her customs, her language and literature and philosophy, her *culture*?[103] (204-5)

Die Ausbeutung kann man auf viele Bereiche anwenden. So unterstützte die ehemalige Kolonie Großbritannien in beiden Weltkriegen und erlitt zahlreiche Verluste[104]. Jedoch konnte die „[l]oyalty to Britain and the Empire [...] still blind some Australians to their own national interests" (Alomes 1988, 115). Diese Loyalität und die Hoffnung, ein

---

[101] Wobei der Vergleich von Australien als Tochterland für einige Kritiker hinkt, da Großbritannien nie ein Mutterland war, welches seiner „Tochter mit Achtung und Anerkennung begegnet wäre, sondern eher eine kühle Matrone, die nicht gern an die peinlichen Geburtsumstände ihres illegitimen Kindes erinnert werden möchte" (Prießnitz 1987, 58).

[102] Häufig wurden auch Vergleiche zwischen den beiden Ländern gezogen: „Australianness was seen as rough and colonial, Britishness as distinguished and cultivated" (Alomes 1988, 27).

[103] „Race and Place are the two permanent elements in culture, and Place, I think, is even more important than Race in giving that culture its direction. When Races migrate, taking their culture with them, to a new Place, the culture becomes modified" (Stephenson 1935, 206).

[104] Der Eintritt in den Krieg und die Unterstützung Großbritanniens waren selbstverständlich. Für viele wurde diese Teilnahme als wichtiger Bestandteil des *Coming of Age* der australischen Nation verstanden – als bedeutsamen Schritt in der Entwicklung zu einer eigenständigen, gereiften Nation. (vgl. White 1981, 151; Alomes 1988, 59/119; Galligan 2001, 89-105)

wichtiger Teil des britischen Commonwealth zu sein, hinderte die Australier letztendlich, ihre eigene Identität zu finden (Meaney 2001, 89). Erst die Erkenntnis, dass Australien seinen eigenen Weg finden muss, führte zum Streben nach Souveränität[105].

Viele kleine Schritte[106] haben auf dem Weg in die Unabhängigkeit geholfen, jedoch wurde die bedeutendste Veränderung noch nicht vorgenommen – ein echtes australisches Staatsoberhaupt zu benennen[107]. In Zeiten, in denen sich die Australier noch als Briten gesehen haben, stellte eine britische Königin als Staatsoberhaupt kein Problem dar. Mit der zunehmenden Entwicklung einer australischen Identität haben sich diese Verhältnisse jedoch entschieden verändert (Oswald 2000, 168). Vor allem in der Whitlam-Ära kamen Zweifel daran auf, ob die Monarchie die richtige Staatsform für Australien sei[108] und

---

[105] „It was events outside Australia's control, the transformation of the British Commonwealth and Britain's decision to find its future in Europe, which forced Australians finally to see that their British dream was an illusion, to acknowledge that Britain was a 'foreign country' and to try to find their own place in the world" (Meaney 2001, 89).

[106] Zu diesen kleinen Schritten in Richtung Unabhängigkeit gehören die Selbstverwaltung der sechs Kolonien Australiens Ende des 19. Jahrhunderts; die Föderation zum *Commonwealth of Australia* (1901); die *Statue of Westminster*, für eine größere Selbstbestimmung der *Dominions* (1942); die Einführung einer australischen Staatsbürgerschaft (1948); der *Australia Act* (1986) und zahlreiche symbolische Akte, wie die Einführung einer eigenen Nationalhymne (1977), Flagge und Ordenssystem (1975). (vgl. Oswald 2000, 171; Galligan 2001, 90/100/114)

[107] Die Königin von England hat zwar weitestgehend nur „die symbolische Funktion, die Identität und Einheit der Nation darzustellen" (Oswald 2000, 170), aber gerade solche Symbole tragen einen großen Anteil an der Definierung einer nationalen Identität.

[108] Die Regierung Whitlams wurde 1975 vom Generalgouverneur Sir John Kerr absetzt, obwohl diese noch die Mehrheit im Repräsentantenhaus hatte. Dieser Akt war zwar völlig legitim, dennoch aus australischer Perspektive fragwürdig. Einerseits verdeutlichte diese Aktion eindeutig Großbritanniens Interesse an einer bestehenden Beziehung zu Australien. Da sich Whitlam sehr für eine Loslösung von der britischen Monarchie einsetzte und verschiedene Neuerungen einführte, welche zu Schlüsselthemen der australischen Nationswerdung wurden, geriet seine Politik in die Kritik Großbritanniens. Andererseits waren es die Briten selbst, die mit ihrem Beitritt zur Europäischen Union (1961) ein eindeutiges Zeichen aus der Sicht der Australier setzten. Diese interpretierten diesen Schritt als Geste

damit einhergehend der „collapse of Britishness" (Meaney 2001, 89). Die Debatte um die Republikfrage wurde zudem immer in Zusammenhang mit der Herausbildung der australischen Identität gebracht. Die jeweiligen Vorzüge der Monarchie beziehungsweise Republik als Staatsformen waren weniger wichtig als die zunehmende Wahrnehmung des englischen Königshauses als unaustralisch. Demnach wurde die Monarchie nicht etwa aufgrund mangelnder demokratischer Legitimität abgelehnt, sondern es ist vielmehr der emotionale Faktor, welcher die Problematik erschwert[109]. Die britischen Monarchen spielen immer noch eine große Rolle im öffentlichen Leben Australiens, zum Beispiel in Form von Feiertagen oder dem Bildnis der Königin auf jeder Münze. Vor allem das Referendum im November 1999, in dem sich die australische Bevölkerung entschied, ob eine australische Republik eingeführt werden sollte, verdeutlicht diese Tendenz, denn die zwar knappe Mehrheit erklärte sich für die Beibehaltung der Monarchie. In diesem Sinne ist die Abnabelung von Großbritannien zwar friedlich verlaufen, jedoch noch nicht vollständig abgeschlossen. Viele Australier streben zwar das neue Australien an, aber „the new is emerging and the old will not die" (Beilharz 2001, 73). (vgl. Mackay 1999, 207; Oswald 2000, 168; Galligan 2001, 117)

Neben den britischen Einflüssen, welche eine australische Identitätsfindung behindern, kommt seit den 1950ern ein weiterer fremder Einfluss hinzu – Amerika. Gungwu (1994) meint, dies sei

> the price [...] of dependence on the two Powers of Britain and the United States and the long and difficult struggle to create a distinct national identity. (240)

---

der Distanzierung. (vgl. Oswald 2000, 176; Galligan 2001, 112; Curran 2002, 475-6; Ward 2004, 60)

[109] Es haben sich zwei gespaltene Lager in Australien herausgebildet. *Liberal Party* und auch *National Party* werden in der Regel als die „parties of connection" (pro Monarchie) empfunden, wohingegen die *Labor Party* als oppositionelle Partei (contra Monarchie) in Erscheinung tritt. Für viele Gegner der Monarchie stellt sich vor allem die Frage inwieweit diese Staatsform noch nützlich für Australien ist, da sie nur eine begrenzte Funktion hat und eher eine Art Ablenkung, „welche die unwissenden Massen beschäftige, während die liberalen und konservativen Eliten ungestört sich der wirklichen Machtausübung widmen", darstellt (Oswald 2000, 172). (vgl. Oswald 2000, 169/173-4)

In den Augen mancher Kritiker war Australien nun nicht mehr nur ehemalige Kolonie Großbritanniens, sondern auf dem besten Wege, sich zur „Coca-Colony" der Vereinigten Staaten Amerikas zu entwickeln (Alomes 1988, 181). An dieser Stelle wird auch wieder das Minderwertigkeitsgefühl der eigenen Nation gegenüber deutlich, denn amerikanische Konzerne hatten kaum Probleme, den australischen Markt zu erobern[110]. Die allgemeine Haltung australischen Produkten gegenüber war lange Zeit kritisch und alles was von Übersee kam, galt weitestgehend als besser. In diesem Sinne wurde nicht nur die Supermarktproduktpalette übernommen, sondern auch kulturelle Importe in Kunst und Literatur durchgeführt[111]. (vgl. Alomes 1988, 181/233; Carter 1999, 149)

Interessanterweise steht diesem ausgeprägten Sinn für Unvollkommenheit ein völlig gegensätzliches Phänomen zur Seite. Beilharz (2005) fasst die möglichen Haltungen von Australiern wie folgt zusammen: „One is pride, the other is denial, or self-denigration" (73)[112]. Dieser Stolz gründet sich ebenso in der Vergangenheit und äußert sich teilweise extrem, zum Beispiel durch stark nationalistische Tendenzen[113]. Einerseits von vielen Kritikern zutiefst verpönt und missverstanden, sehen einige Kritiker das aufkommende Nationalbewusstsein als ein Zeichen des Strebens nach Selbstfindung. Der australische Nationalismus war immer äußerst wechselhaft und wurde deswegen oft fehlinterpretiert:

> At times, this nationalism appears to represent a bold attempt to have a fresh start as a migrant state free from European, especially British, encumbrances. At other times,

---

[110] vgl. hierzu auch Kapitel 2.3

[111] „'Sophisticated cosmopolitanism' left the country open to all those cultural and economic forces which threatened Australian political and economic control of the country's development and denied Australian culture. 'Internationalisation' of culture increasingly meant the Americanisation of culture, particularly in the media" (Alomes 1988, 235).

[112] „As a nation, Australia has a history of claiming either too much or too little history for itself – 'too much', for example, in the way that colonial history was pumped into a noble story of destiny or the Anzac landing into the nation's coming of age; 'too little' in the way that many Australians for many decades could scarcely believe that Australia had a history at all, not in the real English or European sense" (Carter 2000, 60).

[113] vgl. hierzu auch Kapitel 2.1

it becomes an expression of Anglo-Celtic dominance [...]. Yet, at other times, it is but British nationalism in the South Pacific. And there has even been the idealistic image of Australia as another America [...]. (Gungwu 1994, 240)

Kritiker weisen immer wieder auf die vorsichtige Verwendung des Begriffs Nationalismus hin, denn es existieren zahlreiche Definitionen. So hat zwar die „classical idea of nationalism [...] a turbulent past" (Curran 2002, 470), aber man sollte auch die positiven Seiten nationalistischen Denkens nicht völlig vernachlässigen[114]. So warnt beispielsweise Carter (1999) vor sowohl einem Überbewerten als auch dem Unterbewerten des Nationalismus (138).

Nationalismus wird oft als Erfindung des 19. Jahrhunderts angesehen und manifestiert sich in den verschiedensten Bereichen, wie Politik, Wirtschaft, oder Kultur. Nationalistische Tendenzen nahmen in Europa mit dem Aufkommen der Industriellen Revolution und des modernen Kapitalismus zu. Somit war Australien keineswegs ein Einzelfall, denn in vielen Regionen der Welt bildeten sich nationalistische Tendenzen heraus. Natürlich sind die expliziten Formen und dementsprechende Ursprünge in jedem Land anders. Der sehr frühe australische Nationalismus ist gekennzeichnet durch ein ausgeprägtes Freiheitsstreben – weg von Bestimmungen, wie diese zum Beispiel in Gefängnissen vorherrschten. Die 'Blütezeit' des australischen politischen und kulturellen Nationalismus ist in den Jahren um die Föderation (1901) angesiedelt, war nur von kurzer Dauer und scheiterte, laut Alomes (1988), an den unüberbrückbaren Widersprüchen zur australischen Identitätsfindung in der australischen Situation[115]. Dieser frühe Nationalismus war durch ein ausgeprägtes Rassendenken gekenn-

---

[114] Bewohner eines Landes „[...] still need to think and work through the category of the nation, not just negatively because it is there as a stubborn historical fact that we can't avoid, but positively as well, because the nation is a political and cultural formation around which value and meaning are accrued, projects formulated and principles defended. While neither the essence nor the whole, the national is a crucial dimension through which cultural producers, critics, consumers, policy-makers and marketeers work [...] with a whole range of effects that can scarcely be summed up as simply 'oppressive' or 'dominant'" (Carter 1999, 138).

[115] vgl. hierzu auch Kapitel 3.1.4

zeichnet. Alomes (1988) nennt die Rassenfrage als den grundlegenden Makel des australischen Nationalismus:

> Australia reflected contemporary European trends rather than departing from them. Social Darwinism linked biological science with popular ideas of survival of the fittest (30)

Das Rassendenken ist außerdem ein Zeichen dafür, dass der australische Nationalismus eher britischen als australischen Ursprungs ist. Der verhältnismäßig rassistische Nationalismus fand seinen Höhepunkt mit der *White Australia Policy*[116]. (vgl. Alomes 1988, 8-13/23/30; Trainor 1994, 66-7)

Später kam es erst in Whitlams Regierungszeit (1972-75) zu einer Wiederbelebung radikal-nationalistischer Hoffnungen und Visionen[117].

> It was easy to portray such changes as a decisive break in Australia's relations with Britain. Whitlam, it seemed to some, was finally cutting the 'apron-strings' to the 'mother-country' and realising the long held 'radical national' dream of an independent Australian nationhood (Curran 2002, 476)

Obwohl sich dieser 'neue Nationalismus' nicht gegen andere Völker oder Rassen wendete, betrachteten die Liberalen die Entwicklung als Zeichen für eine Regierung, die unfähig ist, in der Welt zu handeln. Dennoch setzte Whitlam und die *Australian Labor Party* (ALP) neue Schwerpunkte in der australischen Politik[118]. Die nachfolgenden Pre-

---

[116] Die *White Australia Policy* ist die inoffizielle Bezeichnung der Einwanderungspolitik, die von Australien kurz nach der Nationsgründung 1901 betrieben wurde und sich vor allem gegen asiatische Immigranten wandte (Carter 1999, 136).

[117] Whitlam definiert Nationalismus wie folgt: „There is, nevertheless, a kind of nationalism that every country needs. It is a benign and constructive nationalism. It has to do with self-confidence, with maturity, with originality, with independence of mind" (Zitiert in Curran 2002, 477).

[118] Es wurde eine neue politische Linie verfolgt, soziale und kulturelle Veränderung angestrebt und die Komplexität der Gesellschaft mehr und mehr anerkannt. Auch das Bewusstsein über einen Klärungsbedarf in der Aboriginal-Frage, sowie die Auseinandersetzung mit der multikulturellen Entwicklung und der Umwelt nahm zu. Bezüglich der Außenpolitik war die Whitlam-Regierung jedoch längst nicht so radikal, sondern eher konservativ. (Alomes 1988, 238/251)

mierminister identifizierten sich wiederum weniger mit jenen nationalistischen Bemühungen und wandten sich teilweise sogar wieder verstärkt der Annäherung an Großbritannien zu[119]. Erst Anfang der 1990er wurden wieder nationale Anstrengungen deutlich, insofern, dass die Republikgründung wieder mehr ins Zentrum von Diskussionen rückte. Dass nationalistische Tendenzen bis spät ins 20. Jahrhundert hinein relevant waren, verdeutlicht auch das Phänomen der *One Nation Party*, welche bei der Wahl im Jahre 1998 von fast einer Million Australiern gewählt wurde[120]. (vgl. Curran 2002, 475-82)

Kritiker sind sich weitestgehend einig, dass sich die Wahrnehmung der Australier darüber, wer sie sind, über die Jahre verändert hat – dennoch „perceptions lag realities" (Blight 1994, 4)[121]. Horne (1994) betont es gäbe keine „individual stereotyped national identity" (14). Auf dem Weg in eine wahrhaft souveräne und selbstbewusste Zukunft müssen demzufolge die Australier erkennen, dass es keine homogene nationale Identität gibt und traditionelle Definitionsversuche nicht die Wirklichkeit widerspiegeln[122]. Die australische ist wie jede nationale Identität nicht statisch, sondern verschiedenen Einflüssen ausgeliefert,

---

[119] An dieser Stelle muss erwähnt werden, dass die Neuorientierung der Nachfolger selten speziell gegen die Philosophie des Neuen Nationalismus gerichtet war, sondern vielmehr als Attacke auf den politischen Gegner Whitlam (Curran 2002, 479).

[120] Die *One Nation Party* bewies, dass durchaus nationalistische Neigungen in Australien vorhanden waren. Die Partei „revealed not just political disaffection or economic pain; it has revealed fundamental racism" (Carter 2000, 63). Der Erfolg Pauline Hansons, die einen dramatischen Rauswurf aus der *Liberal Party* (1996) hinter sich hatte, wird von vielen als unerklärliches Phänomen in der Parteiengeschichte Australiens angesehen. Jedoch gibt es auch Kritiker wie Mackay (1999) die vermuten, es war eine Zeit, in der die Australier ebendies benötigten: „[I]t was a discernable shift in our view of ourselves; a coming to our senses" (282). (vgl. Mackay 1999, 281-4)

[121] Die Aufzeichnungen der *Outside Images of Australia Conference* in Perth 1992 liefern verschiedene Ansichten über das Image Australiens und Lösungsansätze zur Verbesserung (vgl. Grant 1994).

[122] So wurden die Charaktereigenschaften, beschrieben in Wards *The Australian Legend* (1958) gerne übernommen, wenn es um die Definierung eines australischen Nationaltypen geht (Nile 2000, 2). Ward unternahm einen der wenigen Versuche, den australischen Nationalhelden jenseits der britischen Hinterlassenschaft zu definieren (Meaney 2001, 83-4).

woraus eine permanente Veränderung resultiert. (vgl. Carter 2000, 67; Beilharz 2005, 73)

Für viele Kritiker bildet die Gründung einer Republik die Grundlage für die Entwicklung eines notwendigen und gesunden, nationalen Bewusstseins und damit einer auf Dauer erfolgreichen Nation (vgl. Oswald, 2000, 171; Galligan 2001, 183). Woolcott (1994) betont, dass Australien erst definieren müsse, was es ist und sein möchte, um dies dann in die Praxis umsetzen zu können (19). Dazu gehören auch konkrete Pläne zur Verwirklichung von Seiten der Regierung (19)[123]. Hibino (1991) betont jedoch auch, dass die Australier ihre eigenen Antworten finden müssen, denn weder die USA, noch Japan oder Europa können als relevante Modelle für ein zukünftiges Australien gewertet werden (15-6).

Obwohl die kulturellen und sozialen Institutionen Asiens kaum den europäischen ähneln, muss Australien sich Asien mehr zuwenden, was schon alleine wegen der geografischen Nähe ein erforderlicher Schritt ist (Milne 1994, 288; Galligan 2001, 2)[124]. Die Auseinandersetzung mit der Aboriginal-Problematik wird jedoch von allen Kritikern als entscheidende Instanz betrachtet. So meint Carter (2000): „The relationship between indigenous and non-indigenous Australians is the deepest issue for the question of national identity and community" (63)[125]. Selbst Anfang des 21. Jahrhunderts leben die Ureinwohner des Landes am Rande der Gesellschaft, und es gab noch keine umfassende offizielle Entschuldigung seitens der Regierung (Galligan 2001, 165).

---

[123] So schlägt Horne (1994) beispielsweise vor, eine Art australisches Goetheinstitut zu gründen, das Australien in der Welt repräsentieren kann (15). Denn bisher gibt es keine „government policy overall on maintaining and strengthening Australian culture" (Horne 1994, 15).

[124] „To realise our opportunities in the future we are, however, going to need a keener sense of national purpose, a consensus on what we are and what we want to be, and wider community acceptance that our future lies in the Asia Pacific region" (Woolcott 1994, 18).

[125] „Critical to the coming-to-terms process is solving our national identity problem. It is said that all identity comes from a deep and unfathomable mystical connection with the past – precisely what white Australia lacks in its present environment; at least until we can truly identify with the Australian past" (Milne 1994, 285).

5.3 Xenophobische Tendenzen

Die australische Literatur ist am meisten wegen zahlreicher rassistischer Dystopien in die Kritik geraten. Schon Ende des 19. Jahrhunderts waren derartige Texte vermehrt anzufinden[126]. In jenen Romanen wird häufig eine Invasion durch eine asiatische Nation und deren meist negativen Folgen thematisiert. Aus heutiger Sicht wirken viele xenophobische Dystopien oft wenig nachvollziehbar. Vor allem die extremen Vorstellungen über Rassenunterschiede, welche sich beispielsweise in der stereotypen Charakterisierung vieler Romanfiguren manifestiert, erscheinen durch den jetzigen Wissensstand oberflächlich und teilweise fast lächerlich (vgl. Albinski 1987, 18-9). Aus diesem Grund ist es besonders wichtig, die Ursachen für die Entstehung solcher Tendenzen aufzuzeigen. Zunächst folgt aber auch in diesem Kapitel die inhaltliche Einführung, in diesem Fall von Eric Willmots *Below the Line* (1991), welches sich als ganz besonderer Fall von xenophobischer Invasionsliteratur herausstellt.

5.3.1 Werk: Below the Line (1991)

Eric Willmot wurde 1936 in Australien geboren und ist einer der wenigen Aboriginal-Schriftsteller Australiens[127]. Durch Zufall zur Literatur gekommen, entwickelte sich Willmot zu einer besonderen Persönlichkeit auf diesem Gebiet. Er ist einer der wenigen Aboriginal-Akademiker Australiens. Ansonsten hat er sich auf zahlreichen Gebieten versucht und wird häufig als „educator, inventor, writer, filmmaker, and man in two worlds" bezeichnet (Keaton 1987, 81). Er machte sich vor allem einen Namen als Mitentwickler alternativer Bildungsprojekte, welche den Ureinwohnern Australiens den Zugang an den Universitäten ermöglichen sollten. Seine Werke[128] stehen ganz im

---

[126] vgl. hierzu auch Kapitel 3.1.4
[127] vgl. hierzu auch Exkurs: Aboriginals und australische Literatur (Kapitel 2.1)
[128] Sehr bekannt wurde sein Roman *Pemulwuy* (1987), der vom gleichnamigen Widerstandskämpfer handelt, welcher zwischen 1790 und 1802 gegen die Briten kämpfte. Nach seinem Tod war der Widerstand gebrochen, jedoch

Zeichen der Aufklärung über die Aboriginal-Problematik und verhelfen zu Einsichten in diese völlig andersartige Kultur. (vgl. Keaton 1987, 81-5)

Willmots Werk bietet eine interessante Ausnahme der dystopischen Invasionsdystopien. *Below the Line* handelt zwar von der indonesischen Invasion in Australien, jedoch wird letztendlich eine völlig andere Thematik vom Autor besprochen[129]. Willmot nutzt die Invasionssituation als Mittel, eine weitere Problematik ins Zentrum des Interesses zu lenken, nämlich die Vorstellung, dass die Aboriginals die eigentlich rechtmäßigen Einwohner des australischen Kontinents sind und sich die europäischen Siedler zu Beginn einer unrechtmäßigen Inbesitznahme schuldig gemacht haben. In diesem Sinne neutralisiert die indonesische Machtübernahme auf gewisse Art die voreingenommene Perspektive des Lesers. In dem Moment, wenn der mit dem 'europäischen Australien'[130] sympathisierende Leser beginnt, die Invasion der Indonesier zu verurteilen, kritisiert er automatisch auch die europäische Besiedlung. Willmot versucht, genau diesen Blickwinkel zu erläutern. Im Gegenzug dazu haben die 'traditionellen' Invasionsdystopien[131] nicht die europäische Besiedlung beanstandet, sondern es ging vielmehr gerade um die nationale Stärkung der britisch-imperialen Machtausübung.

In *Below the Line* geht die Hauptfigur Angela Steen auf eine ganz ungewöhnliche Reise. Nach zweijähriger Gefangenschaft in Neuguinea kehrt sie in ihr Heimatland Australien zurück, welches nicht mehr dasselbe ist. Die nördliche Hälfte Australiens ist nach der indonesischen Invasion nicht mehr unter australischer Herrschaft und wurde umbenannt in *South Irian*. Zunächst erfährt man über dieses neue Land

---

ist kaum etwas über die Begebenheiten allgemein bekannt und in kaum einem Geschichtsbuch vorhanden. (vgl. Willmot 1987, 82)

[129] vgl. hierzu auch Kapitel 3.1.6

[130] Willmot bezeichnet seine Protagonistin immer als Europäerin. Nur die Aboriginals werden als Australier bezeichnet sowie nur deren Sprachen Australisch sind. Das wird in einem Moment sehr deutlich. Ein Aboriginal weist Angela zurecht, als diese sich im Wüstencamp unwürdig benimmt: „Choko said something sternly to the women in an Australian language. Both obeyed and sat quietly, although Angela had not understood a word […]" (Willmot 1991, 138).

[131] vgl. hierzu auch Kapitel 3.1.4 und 3.1.5

nur, dass es unter indonesischer Herrschaft ist, allerdings mit einem Aboriginal-Präsidenten. Einige der Ureinwohner hatten sich der Belagerung seitens Indonesiens angeschlossen.

Der Rest Australiens, südlich der *Brisbane Line* ist nicht mehr annähernd das, was es einmal war. Angela kommt ursprünglich aus Queensland, also nördlich der Grenze und fühlt sich nun wie eine Fremde in ihrem eigenen Land. Viele Australier verlassen das Land, welches sich immer noch im Notstand befindet, doch sie will unter keinem Umstand ihr Heimatland verlassen und entscheidet sich, da zu bleiben.

Angela darf nur in den restlichen Teil Australiens südlich der *Brisbane Line*. Auf den ersten Blick scheint das Nachkriegsaustralien kaum verändert – beispielsweise herrscht immer noch derselbe Verkehr in Sydney. Beim näheren Betrachten fallen Angela jedoch gewaltige Unterschiede auf. Alles ist perfekt durchorganisiert. Jedem Bewohner wird Arbeit zugeteilt, es gibt genug zu tun für alle[132]. Aufgrund der mysteriösen Umstände ihrer Gefangenschaft im Dschungel Neuguineas, interessiert sich die Presse sehr für ihre Person. Dabei gelangt sie an Informationen, die angeblich nicht einmal die Regierung hatte. Daraufhin versucht sie auf eigene Faust, dieses Rätsel zu lösen und eine ehemalige Mitgefangene zu finden. Diese nannte sich im Camp immer Delta Pauli, nun findet Angela sie unter dem Namen Susan Delaway in einer Grenzstadt namens West Kitchen.

> It appeared to [Angela] now that they were driving over a buried town. The concrete structures clearly were some kind of ventilation system and the crater opening was a huge circular excavation some seven or eight hundred metres in diameter. […] The crater appeared to be about thirty metres deep and at its centre was a small lake complete with an island. (Willmot 1991, 97)

Ab hier begibt sie sich auf eine mysteriöse Suche nach der Wahrheit. Der Weg führt nach *South Irian*, über die akribisch bewachte Grenze. Verschiedene Verschwörungstheorien und Befreiungspläne werden entwickelt und wieder zerschlagen. Angela gerät wieder in die Hände

---

[132] „'So we are all employed and housed now, thanks to the war,' said Angela with some irony. 'No, this is simply a properly planned economy,' Matthew responded with an amused grin" (Willmot 1991, 60).

der australischen Regierung und erfährt Neues über die Situation. Letztendlich erfahren sie und der Leser nie, was wirklich vorgefallen ist und können nur vermuten. Es gibt keine Befreiung von der indonesischen Macht, nur die Erkenntnis, dass die Aboriginals die eigentlich Bewohner des Landes und die einzig Auserwählten sind. Jede andere Besiedlung wird früher oder später scheitern, egal, welch verstrickte Intrigen sich die Besatzer überlegen.

Interessanterweise wird das von Indonesien besiedelte Land weniger dystopisch dargestellt als das, was von Australien im Süden übrig geblieben ist. Angela ist überrascht, dass ihre ehemalige Heimat so unverändert geblieben ist und denkt sich:

> A few more Asians than before, but somehow not that different. She couldn't help noticing that except for her own security escort, South Irian seemed less security conscious than Australia. She smiled and bowed her head. Perhaps the Asians had been converted into north Queenslanders rather than the other way around. (Willmot 1991, 170)

5.3.2 Historischer Hintergrund

Das Verhältnis von Australien zu Asien war schon früh kompliziert. Mit der Besiedlung des Kontinents wurde auch der Imperialismus und somit dessen grundlegende Werte nach Australien exportiert. Rassismus ist dabei ein wesentlicher Bestandteil, und so wurde lange Zeit schon zwischen den 'zivilisierten' Europäern und den 'barbarischen' Asiaten unterschieden. Aus heutiger Sicht ist klar, dass die damals abwertende Haltung aus dem Zusammenspiel zeitgenössischer wissenschaftlicher Erkenntnisse und der Konfrontationen mit einer völlig andersartigen Kultur entstanden sein muss. Die Europäer sahen es lange als ihre Mission, jene wilden Völker zu zivilisieren und ihnen christliche Ideale, demokratische Ordnung und Gesetzte zu vermitteln. Dieses Denken war Teil des westlichen Wertesystems und ist teilweise immer noch tief in den australischen Grundfesten verankert.

Meist wird dies nur unterschwellig in den verschiedenen öffentlichen Bereichen der Gesellschaft deutlich.[133] (vgl. Kelabora 1994, 365)

Einerseits ist Australien von seiner 'Mutterkultur' durch die geografische Distanz isoliert. Andererseits hat es sich noch zusätzlich von seinen eigentlichen Nachbarstaaten in Asien distanziert, aufgrund kulturell bedingter Angst vorm Fremden und mangelnder Bereitschaft, sich auf diese andersartige Kultur einzustellen. In diesem Sinne wird Australien von vielen Kritikern als eines der isoliertesten Länder der Erde angesehen, was kaum einen direkten Nachbarn hat, auf dessen Schutz es bauen kann. Es gibt keine Gemeinschaft, vergleichbar mit der Europäische Union, der sich Australien anschließen könnte. Abgesehen davon, dass Australien lange Zeit kaum Interesse daran zeigte, sich dem asiatischen Raum zu nähern, haben aber auch viele asiatische Nationen Australien wenig Beachtung geschenkt. In Asien gibt es zwar verschiedene Ansichten[134] über Australien, jedoch herrscht weitestgehend eine gewisse Einigkeit, dass Australien nicht das beste Image besitzt[135]. (vgl. Woolcott 1994, 17; Gungwu 1994, 233; Galligan 2001, 1-2)

---

[133] An dieser Stelle nennt Kelabora (1994) Bereiche, wie zum Beispiel die australischen Medien, in denen nur selten asiatische Journalisten zu sehen sind (365). Auch an australischen Universitäten sind kaum asiatische Professoren oder Lehrkräfte angestellt. (vgl. Kelabora 1994, 365)

[134] Die Herausbildung des Australienbildes in Asien ist jedoch auch abhängig vom Bildungsstand jeweiliger Bevölkerungsschichten. So ist beispielsweise für die ungebildete Unterschicht Australien gänzlich unbekannt, während es für die etwas gebildete Mittelschicht das Image eines Landes im Überfluss hat. Asiaten, die in Australien gearbeitet haben oder Australier kennen, interpretieren es oft als extrem rassistisch und antiasiatisch. Man darf aber nicht vergessen, dass die meisten dieser Vorstellungen nicht auf Erfahrung sondern auf Klischees beruhen. (vgl. Kelabora 1994, 363-4)

[135] Kaum ein asiatisches Land kann Australien als souveräne Nation anerkennen. Ein so ferner Monarch ist nicht nützlich für die Akzeptanz als Handelspartner in Südostasien. Natürlich spielt auch die allgemein Asienfeindliche Haltung, welche lange Zeit in Australien vorherrschte, eine entscheidende Rolle. Die gesamten australischen Ideale, Werte und Vorstellung entsprechen der europäischen Tradition und unterscheiden sich somit völlig von denen der Asiaten. Außerdem vermindern Probleme im eigenen Land die Glaubwürdigkeit. Und gerade die Aboriginal-Problematik „can weaken our standing when we seek to read moral lectures to other societies" (Woolcott 1994, 19). Weiterhin scheint Australien insofern nicht reizvoll, dass es weitaus vermögendere Staaten gibt, welche für bessere Unter-

Besonders deutlich wurde die Einstellung Australiens gegenüber Asien durch den *Immigration Restriction Act* von 1901, welcher eindeutig gegen die Immigration asiatischer Menschen gerichtet war und gemeinhin als wichtiger Teil der *White Australia Policy* betrachtet wird[136]. An dieser Stelle muss jedoch darauf verwiesen werden, dass auch zahlreiche andere Nationen, vor allem ehemalige Kolonien den asiatischen Einwanderern die Einreise aus einer ganzen Reihe von Gründen verweigerten. Aus heutiger Sicht stellt für viele die „White Australia Policy […] a symbol of Australia's immaturity, selfishness and anti-Asianism" dar (Brawley 1994, 260). Erst 1973 wurden unter der Regierung Whitlams Änderungen an den Einwanderungsgesetzen Australiens vorgenommen. (vgl. Brawley 1994, 256-7; Trainor 1994, 85)

Vor allem in den letzten Jahren hat sich die Angst vor dem Fremden verringert und ein erhöhtes Vertrauen eingestellt. Zudem verstärkt sich immer mehr das Bewusstsein, dass eine Annäherung zum asiatischen Raum enorm wichtig für das erfolgreiche Weiterbestehen einer australischen Nation ist.[137]

> Partly as a result of our changed immigration policies and partly as a result of our belated realisation of our geographic position, our society and even our educational system are beginning, painfully, to change direction. [...] Can we create a meaningful cultural identity out of our political and economic independence? (Myers 1994, 338)

---

stützung stehen. Australien ist lediglich „average in what it does and stands for" (Gungwu 1994, 233). Noch dazu kommt der Fakt, dass Australien eine strategisch wichtige Position für die Politik Amerikas hat. Demgegenüber wird Asien immer Befürchtungen haben, Australien sei nur ein Instrument amerikanischer Machenschaften. Nicht zu vergessen, haben australische Soldaten an der Seite europäischer gegen fast alle asiatischen Großmächte gekämpft und sind somit „reminders to many in Asia of all those nasty and bad Europeans who exploited and suppressed Asians for many generations in the past" (Kelabora 1994, 366). (vgl. Gungwu 1994, 223-41; Kelabora 1994, 369-70; Milne 1994, 285-6; Oswald 2000, 168)

[136] vgl. hierzu auch Kapitel 5.2.2

[137] Diese Annäherung muss jedoch von beiden Seiten geschehen. Um erstes Verständnis zu erlangen, muss man die Bürger zunächst auf diese Ignoranz anderen Kulturen gegenüber aufmerksam machen, um dann einen interkulturellen Verständnisprozess einleiten zu können. (vgl. hierzu auch Kapitel 5.2.2; Gungwu 1994, 236-7; Myers 1994, 338-9)

In diesem Sinne sind Asienstudien in Australien verbreiteter und somit wird der Wille gezeigt, sich ernsthaft mit der asiatischen Kultur auseinanderzusetzen (Gungwu 1994, 236-7). Viele einzelne Australier sind nach der Abschaffung der *White Australia Policy* in den 1970ern weniger rassistisch, dessen ungeachtet gibt es immer noch einen starken „institutional racism" (Kelabora 1994, 367). Der erste Premierminister, der sich ausdrücklich für den Multikulturalismus aussprach, war Malcolm Fraser (1975-1983)[138].

---

[138] „[It] was the first time an Australian Prime Minister had so enthusiastically welcomed an end to Australia's once coveted racial homogeneity" (Curran 2002, 480).

6 Utopische Merkmale in den ausgewählten Texten

> *„[F]ür die postkolonialen Literaturen, in denen sich ein Sonderbewußtsein zum Ausdruck bringt, das im Rahmen ausdifferenzierter nationaler und regionaler Milieus eine kritische Auseinandersetzung mit dem Zentrum der englischen Kultur führt, [müssen] zwangsläufig auch utopische Beschreibungsformen von Belang sein [...], die in ihrer spezifischen Art und Weise Möglichkeiten einer alternativen kulturellen (postkolonialen) Identität im Rahmen zukunftsbezogener Perspektiven aufscheinen lassen."*
> (Pordzik 2002, 19)

Nachdem die Inhalte und Themen der ausgewählten Texte im 5. Kapitel geklärt wurden, können nun die im 4. Kapitel herausgearbeiteten Charakteristiken utopischer Literatur auf die australischen Werke angewandt werden. Inwieweit allgemeine Merkmale utopischer Literatur in australischen Utopien anzutreffen sind und ob es Gemeinsamkeiten zwischen den klassischen alternativen Weltentwürfen und denen Australiens gibt, gilt es zu analysieren.

6.1 Narrativität vs. Diskursivität

Die besprochenen Werke haben alle die Tendenz zur überwiegend narrativen Vermittlung der alternativen Welten. Eine Ausnahme bildet Gibsons *Socialist Melbourne* (1936). Dieses Werk ist fast ausschließlich expositorisch und enthält kaum fiktionale Elemente. Der Leser wird von einem namenlosen Erzähler aufgefordert, mit ihm eine „glimpse into the future" (Gibson 1936, 3) zu tätigen. Zwar ist die Erkundung der neuen sozialistischen Welt vergleichbar mit einer Tour durch die verschiedenen Bereiche der Gesellschaft, jedoch werden diese theoretisch und ohne jegliche Handlung oder handelnde Charaktere vorgestellt. Am Ende seiner Ausführungen fragt der Autor seine Leser:

> Is it real? An unreal picture, you will say? No. It will not be long before the Melbourne we have described will be the real Melbourne, while the capitalist Melbourne will be unreal and impossible. (Gibson 1936, 43)

Im gesamten Werk gibt es keine narrativen Fiktionalisierungsansätze. Der Text erscheint fast wie ein sozialistisches Manifest, angewandt auf eine australische Stadt.

Die restlichen vier Werke *The Woman on the Beast* (1933), *Tomorrow and Tomorrow and Tomorrow* (1947), *In the Wet* (1953) und *Below the line* (1991) enthalten fast ausschließlich narrative Elemente. *Australia 1999*, das dritte Buch in Simpsons Werk *The Woman on the Beast* (1933), beginnt mit einem langen Vortrag eines unbenannten Predigers, welcher seine Zuhörer und somit auch den Leser in die aktuelle Weltlage einweist. Angeschlossen wird die Predigt von einem „brief survey of history" (Simpson 1933, 346). Auf diesem Weg wird gleich zu Beginn geklärt, auf welche Weise sich die neue Weltordnung etabliert hat. Die Vermittlung der Begebenheiten informiert den Leser nicht nur über die historischen Entwicklungen der Welt unter einem neuen Glauben, sondern auch über gewisse Grundsätzlichkeiten jener Religion. So erfährt der Leser, dass die wahrhaftige „religious liberty" (Simpson 1933, 339) im Westen Amerikas entstanden ist und dass sich alle ehemaligen religiösen Zentren dem *New Gospel* unter mehr oder weniger starkem Widerstand anschlossen:

> It will be remembered that this city harboured the Pope, a name which in itself symbolises all the obstinacy, all the blindness and tyranny of the old faiths, [...]. His partisans [...] concentrated their defences about this city [...] which was finally reduced by assault from the air [...]. China [...] responded to persuasion. India received the news with joy [...]. (Simpson 1933, 341)

Durch des Priesters Äußerungen werden die Einstellung und die Werte jener neuen Welt klar dargelegt. Alle Menschen haben die Möglichkeit, wahrhaft glücklich zu werden, und es herrscht die Ansicht vor, die Zivilisation habe endlich gesiegt. Obgleich diese 'schöne neue Welt' dem Leser wie das Paradies auf Erden vom Pfarrer vermittelt wird, verdeutlichen vor allem des Erzählers weitere Ausführungen zu den Hintergründen des *New Gospel*, dass es sich kaum um eine positiv utopische Gesellschaft handeln kann. Vor allem die Ansicht, Geschichte sei etwas Schlechtes und diene lediglich zum Propagandamissbrauch oder das Verbot jeglicher gedruckter Medien oder Nachrichtenverbreitung erscheinen in den Augen des modernen Lesers höchst fraglich. An dieser Stelle des Romans scheinen sämtliche theoretische Einführungen zum Hintergrund der Handlung abgeschlossen. Was nun folgt, hat kaum mehr beschreibende Züge.

Der Leser erfährt die reale Welt durch die Augen der Hauptfigur Jane. Als Fiktionalisierungsgegenstand nutzt die Autorin das Motiv der Reise, auf die sich Jane zunächst als Spionin begibt. Damit wird das klassische Prinzip des Berichtes eines Reisenden verwendet, welcher dem Leser die fremde Welt durch vertraute Augen vermittelt. Allerdings wird hier das ursprüngliche Prinzip in gewisser Weise umgekehrt. Sind es sonst oft die 'vertrauten Augen' des Protagonisten, die einer fremden Welt gegenüber treten; sind es in diesem Fall Janes 'fremde Augen', welche ein Land Australien kennen lernen, das dem Leser vertrauter erscheinen dürfte als die restliche Welt der Gospler. Jane erinnert teilweise sehr an Huxleys Lenina, welche aus der dystopischen fremden Welt in eines der Reservate gerät und das Leben der Savages kennen lernt:

> In one of these latter a woman sat with a baby at her breast. Now this method of feeding was, in more civilized places, gradually becoming abandoned; it had been found to lead to complexes so entangled and unspeakable that no rational mother in the Gospel world would chose to expose her child to the risk of them. (Simpson 1933, 378)

Ähnlich konfrontierende Situationen ermöglichen dem Leser, die Eigenheiten und Ideale dieser fremden Gesellschaft kennenzulernen. Anhand zahlreicher Begebenheiten wird auf narrative Weise das Bild einer zweigeteilten Welt gezeichnet, welches nicht umfassend ist, jedoch über die einfachsten Grundsätze jener Gesellschaften informiert.

Die ersten Seiten der Rahmenhandlung von Eldershaws *Tomorrow and Tomorrow and Tomorrow* (1947) werden vom Autor genutzt, die zukünftige Landschaft vorzustellen und in die entsprechende Weltlage einzuführen. In diesem Falle sind es Knarfs Beobachtungen und Gedanken dazu, welche den Leser in die Situation einführen:

> Four hundred years ago this country was stripped bare. The delicately moulded hills were naked to the sun and wind and rain, their hoarded fertility broken into and flowing out of

them. Knarf remembered the old barbaric name of the river – Murrumbidgee. [...] The countryside had been called the Riverina, a gentle name a fruitful name [...]. Knarf would have liked to see the old name in use again. To divide up the earth into squares with a ruler was too arrogant. (Eldershaw 1947, 5)

Knarfs Gedankengänge dauern über mehrere Seiten an und nehmen daher einen verhältnismäßig expositorischen Charakter an. Er erklärt die Entstehung der zukünftigen Gesellschaft, und auch die folgenden Diskussionen mit seinem Freund Ord verhelfen zu Einsichten, welche jedoch zu keiner Zeit ein umfassendes Gesellschaftsbild vermitteln.

Den Großteil des Werkes macht Knarfs eigener Roman „Little World Left Behind" aus. Die in jener Binnenhandlung dargestellte, dem Leser vertraute Welt, hilft den beiden Freunden, sich mit ihrer eigenen, dem Leser fremden, Zukunft auseinanderzusetzen. In diesem Sinne wird dem Leser wieder einmal die bekannte Welt mit 'fremden Augen' präsentiert. Dabei fungiert Knarfs Erzählung als direkter Kontrast zu der zukünftigen Utopie. Man könnte das gemeinsame Lesen des Romans im Roman fast als eine (literarische) Reise in die Vergangenheit ansehen. In diesem Sinne ist wieder die Reise der Fiktionalisierungsgegenstand, sie findet jedoch nicht in der ursprünglichen Art statt. War es in Morus' *Utopia* (1516) die (räumlich) distanzierte utopische Welt in der Binnenhandlung, welche als erzieherischer Kontrast zur zeitgenössischen Rahmenhandlung herhalten sollte, wird dieses Prinzip in *Tomorrow and Tomorrow and Tomorrow* (1947) umgekehrt. Diesmal ist die Rahmenhandlung (zeitlich) distanziert und verschafft dem Leser dadurch die Möglichkeit, sich mit den Mängeln der Gesellschaft des beginnenden 20. Jahrhunderts auseinanderzusetzen. Obwohl die Rahmenhandlung auf den ersten Blick lediglich Streitgespräche über die von Knarf beschriebene Gesellschaft enthält, entpuppen sich die Dialoge der beiden Freunde, oder Diskussionen mit anderen Mitgliedern der zehnten Kommune, letztendlich auch als Vermittlung zu den Gegebenheiten der utopischen Gesellschaft in 400 Jahren. So wird aus den Kommentaren der beiden Stück für Stück ein unvollständiges Bild des zukünftigen Australien gezeichnet:

'Those were the years [1930s] when the margin between cause and effect in the international and social field narrowed to vanishing point – one of the really tragic periods of history, in a way more tragic than what came after, because there was an appearance of choice about it. It was so full of endeavour and so empty of imagination.'

'Today we have neither energy nor imagination. The average citizen does nothing towards shaping his world.' (Eldershaw 1947, 135)

Immer wieder wird Knarfs Lesung von derartigen Kommentaren unterbrochen und der Leser erfährt mehr über die Welt, wie sie in 400 Jahren sein wird.

Die beiden jüngsten Romane nutzen das Reisemotiv im weitesten Sinne als Fiktionalisierungsansatz. So ist es eine mystische (Traum-)Reise des Pastors Roger Hargreaves in das zukünftige Leben des Piloten David Anderson in *In the Wet* (1953), während sich in *Below the Line* (1991) die Australierin Angela Steen auf eine Reise durch Australien begibt, um die Wahrheit über ihre Gefangenschaft herauszufinden. Als weiteres Fiktionalisierungsverfahren trifft man in beiden Romanen auf die Integration einer Liebesgeschichte, welche den Protagonisten und somit dem Leser zu weiteren Erkenntnissen verhilft. Außerdem stellen beide Werke jeweils zwei gegensätzliche Gesellschaften einander gegenüber. Allerdings übernimmt Australien bei Shute die Rolle der Utopie und bei Willmot die Rolle der Dystopie.

In *In the Wet* (1953) trifft der Leser die Charaktere häufig in Situationen an, welche ganz offensichtlich über die unterschiedliche Beschaffenheit und Entwicklung der beiden Nationen, Großbritannien und Australien, diskutieren:

'You don't like England much, do you?'

'I don't know,' he said quietly. 'I love the scenery […]. I don't like the way you govern yourselves. I think a lot of that is obsolete and stupid. […] Your uncle seemed very interested in our way of voting.'

'Yes,' she said. 'It's coming to be quite an issue here, like the women's vote was back at the beginning of the century. I suppose history is going to repeat itself – it usually does. We'll end by copying Australia.' (Shute 1953, 102)

Auch später erklärt David ausführlich das australische Wahlsystem und inwiefern es eine Verbesserung gegenüber dem britischen darstellt. Der Informationsaustausch der beiden Liebenden David und Rosemary ermöglicht einerseits den Blick in die privaten Bereiche des gesellschaftlichen Lebens. Andererseits hat Rosemary durch ihre bedeutungsvolle Rolle am britischen Königshaus Zugang zu vertraulichen Informationen, welche dem Normalbürger nie zugänglich wären. Aufgrund des vertrauten Verhältnisses mit David gelangt dieser und somit auch der Leser an eine Reihe von Erkenntnissen über den Charakter der Gesellschaft.

Im Gegensatz dazu hat Angela Steen, die Hauptfigur in *Below the Line* (1991), keine Vertrauensperson dieser Art, um an Informationen über die neue Situation zu gelangen. Dem entsprechend geht die Suche nach der wahren Natur der Gesellschaft sehr schleppend voran. Immer wieder trifft sie auf Personen, die ihr Teile der Wahrheit offenbaren. Jedoch scheint nichts absolut sicher, und das Bild der unbekannten Welt muss immer wieder revidiert werden. Häufig wird sie mit völlig verschiedenen Ansichten über die Situation konfrontiert, und so muss sich auch der Leser seine eigene Wahrheit aus dem Gesagten formen. So gibt es einerseits Charaktere, welche die ganze Schuld an der Situation den Briten zuschieben (Willmot 1992, 32-3). Wiederum andere Figuren betrachten die Ereignisse als natürlichen Lauf der Dinge:

> 'Societies like Australia and the USA [...] are experimental,' he said. 'From time to time some of these social experiments fail. Unlike old indigenous societies of Europe, China and Africa, these new societies are polygeneric. [...] It means that they consist of a mix of people from different origins.' He explained that whereas some new societies, like Kenya, failed fairly early in their history, others, like Canada, the US and the South American states, last long time. Still others, like Australia and South Africa, are doomed to failure from the start. Apart from anything else, they are isolated from the other new world nations, and they are surrounded by huge

indigenous populations, which must some day claim them.
(Willmot 1991, 38-9)

So entwickelt Angela durch verschiedene Bekanntschaften ein Bild von Australien. Auch hier sind die Weltentwürfe, die der Leser aus den gegebenen Informationen erhält, äußerst vage. Aus den fiktionalisierten Begebenheiten lassen sich immer nur Bruchstücke der jeweiligen Gesellschaft herausfiltern, welche dann vom Leser zu einem komplexen, dennoch unvollständigem, Bild zusammengefügt werden müssen. Außer Gibsons Werk *Socialist Melbourne* (1936) entsprechen die ausgewählten Romane völlig Pfisters (1982) Betrachtungen zur Entwicklung des Verhältnisses von Narrativität zur Diskursivität[139].

6.2 Charaktere

Anders als in anderen Kulturen herrschte in der australischen Literatur oft die Tendenz eher Typen als Individuen darzustellen vor. Moore (1971) sieht die Gründe dafür im "strong social consciousness [that] has always been a characteristic of Australian writing" (10). Generell haben sich nur wenige Schriftsteller auf die spezielle Psychologie von Individuen konzentriert, was dazu geführt hat, „that fiction has often lacked the depth and universality of individual character" (Moore 1971, 11). Betrachtet man die letzte Aussage, könnte man meinen, der australische Roman erfuhr dieselbe Kritik wie die Utopie[140]. Ist diese 'typisch australische' flache Charakterisierung auch in der Utopie Australiens anzutreffen?

Zunächst sieht es ganz so aus. Die fehlende Handlung in Gibsons Roman hat weitere Folgen für *Socialist Melbourne* (1936) – es gibt keine handelnden Protagonisten. Alle Figuren des Werkes üben eine reine Verweisungsfunktion aus. Der Autor, der den Leser auf die 'Reise' mitgenommen hat, befragt hin und wieder verschiedene Personen:

"Are there different parties here?" We ask. It seems at first sight there are not.

---

[139] vgl. hierzu auch Kapitel 4.1
[140] vgl. hierzu auch Kapitel 4.2

> "Yes," says our friend, "But they don't sit as separate groups now." We learn that the largest party, with the majority of Cabinet seats, is a united workers' Party, [...]. (Gibson 1936, 16)

Die wenigen befragten Personen werden zu keiner Zeit näher beschrieben und fungieren lediglich als Informanten. Die Personenbeschreibung enthält allenfalls den Beruf des Charakters, um zum Beispiel die jeweiligen Angaben glaubwürdig erscheinen zu lassen. Häufig sind es jedoch einfach nur *the people* oder *our friend*, die uns antworten. In diesem Sinne gibt es keine bestimmte Figur, die uns durch das sozialistische Melbourne führt. Man könnte fast sagen, dass das Volk, repräsentiert durch verschiedene Stimmen seiner Mitglieder, die Rolle eines Cicerone im weitesten Sinn übernimmt. Vor allem am Ende des Werkes werden jedoch die Dialoge immer seltener und die Einzelheiten der verschiedenen Gesellschaftsbereiche werden lediglich vom Erzähler beschrieben.

Auch in *Australia 1999* (1933) findet man eine relativ stereotype Charakterisierung an. Allerdings existiert eine Handlung, welche handelnde Charaktere erfordert. Jane Cobbett stellt die perfekte Bewohnerin der neuen Welt und getreue Anhängerin des *New Gospel* Glaubens dar: „She was just twenty-one, and had only known history as Mrs. Sopwith dictated it from her citadel of truth in Pharaoh, Cal" (Simpson 1933, 351). Sie ist in mit jenem weltübergreifenden Glauben aufgewachsen und kennt die Welt, wie sie einmal war, nur aus den Erzählungen ihres Vaters. Dieser repräsentiert die Alte Welt und erscheint wie ein intellektuelles Relikt aus der Vergangenheit. Die Streitgespräche zwischen den beiden vermitteln viele Aspekte der neuen dystopischen Welt und verschaffen gleichzeitig einen kritischen Ansatz in der Auseinandersetzung mit den Idealen jener neuartigen Gesellschaft. So beschwert er sich beispielsweise:

> 'To much is being done. Excuse me, Jane, I know your convictions, I respect them; but a man of my generation cannot get used to being mentally and physically spoon-fed. Our fault, no doubt; lack of adaptability, no doubt; but not to be argued away. If only one could have a typewriter ---' (Simpson 1933, 354)

Vielleicht ist es auch dieser häretische Einfluss ihres Vaters, welcher ihr später in Australien zu einer anderen Sicht auf die Dinge verhilft.

Als Jane aus der neuen Welt auf die verhältnismäßig alte Gesellschaft Australiens trifft, lernt sie viele Insassen dieses fremden Landes kennen. Die verschiedenen Charaktere dieser, für Jane zunächst dystopisch erscheinenden Welt, werden zu keiner Zeit näher beschrieben, sondern dienen lediglich zur Informationsvergabe. So erfahren wir beispielsweise gleich zu Beginn ihrer Reise vom Zollbeamten, dass ihr Vater in Australien aufgrund seiner schriftstellerischen Tätigkeit hoch angesehen ist. An dieser Stelle wird ein eindeutiger Bezug hergestellt – von der Alten Welt, verkörpert von Janes Vater, zur australischen Gesellschaft, welche ebenso nach den Regeln der Alten Welt funktioniert:

> 'Is Jane Cobbett your name?' She admitted that. 'Daughter of the professor? [...] There's a Doctor Endymion Cobbett of Oxford that's a good deal thought of here. Wrote some books on poetry that we use in our schools.' [...] A daughter of Endymion Cobbett, and illiterate! She denied him with all the simple ecstatic fervour of the liar for a cause [...]. (Simpson 1933, 365)

Des Weiteren werden Situationen beschrieben, welche letztendlich ausschlaggebend für den Wandel in Janes Glauben sind. Dietz (1987) wertet dies als häufig genutztes Muster in utopischer Literatur:

> Während die Vertreter der utopischen Gesellschaft in ihren reinen Verweisungsfunktion keinerlei Veränderung durchmachen (da sich ja auch die utopische Gesellschaft nicht mehr entwickelte), veränderte sich das Wertesystem des Reisenden auf das der Utopier hin. (65)

Genau dies geschieht in Simpsons Erzählung und letztendlich stirbt Jane sogar den Märtyrertod für ihre neue Überzeugung. Alle Figuren des weiteren Romanverlaufs haben ausschließlich die Funktion, Jane das unbekannte Australien näherzubringen – egal ob Reiseleiter, Pfarrer oder Pilot. Dementsprechend flach fällt die Charakterisierung aus und nicht mehr als die Berufsbezeichnung hilft dem Leser bei der Einordnung jeweiliger Protagonisten. Dabei schließt sie jedoch zu keiner Zeit enge Freundschaften oder Beziehungen mit auch nur einem der dargestellten Charaktere. Die Bekanntschaften bleiben äußerst oberflächlich und geben dem Leser demnach auch keinen Aufschluss über persönlichere Bereiche der Gesellschaft. Jane werden die Einzelheiten der Gesellschaft von verschiedenen Personen näher gebracht, jedoch wird ihr kein Cicerone im klassischen Sinn über den gesamten Verlauf der Reise zur Seite gestellt.

Eine etwas weniger stereotype Charakterisierung ist im Roman *In the Wet* (1953) anzutreffen. In der Binnenhandlung steht eine umfassende Beschreibung des Utopischen (Australiens) beziehungsweise Dystopischen (Großbritanniens) nicht im Vordergrund des Geschehens, jedoch das politische Verhältnis der beiden Nationen. In der durchaus komplexen Handlung werden die gegensätzlichen Welten beiläufig vorgestellt. Die meisten Nebencharaktere werden kurz beschrieben und haben bedingterweise stereotype Eigenschaften. Über die Hauptcharaktere erfährt der Leser einiges mehr – Lebenshintergründe, Kindheit oder oft auch sehr persönliche Lebensansichten.

> 'I'm a dinkum Aussie – more than most. My grandmother was a full blood Aboriginal from somewhere up in the Cape York peninsula. I don't know who my grandfather was, but he was white. […]'. (Shute 1953, 77)

Schon anhand dieser Selbsteinschätzung wird jedoch auch hier einer eher stereotype Kategorisierung der Charaktere deutlich. 'Dinkum' ist ein Begriff, der immer in Verbindung mit dem australischen Durchschnittstyp gebracht wurde (Horne 1993, 11-6). So ist der Hauptprotagonist David Anderson ein australischer Testpilot der Extraklasse, ausgesprochen patriotisch und getreuer Anhänger der britischen Monarchie. Als Halb-Aboriginal ist er gewissermaßen ein Außenseiter[141], was seine Beförderung zum obersten Piloten der königlichen Flotte umso sensationeller macht. Er wird letztendlich der Lebensretter der Königin und damit auch der Retter der Monarchie. Obgleich wir sehr detaillierte Informationen über David und Rosemary erhalten, entfernen sich die Figuren kaum von ihrem ursprünglichen Standpunkt. Im Großen und Ganzen interessiert sich die Handlung auch nicht für die

---

[141] vgl. hierzu auch Exkurs: Aboriginals und australische Literatur (Kapitel 2.1)

Entwicklung der Charaktere im Einzelnen, sondern eher dafür, welche Möglichkeiten die beiden beschriebenen Nationen bieten und welche Überlebenschancen die Monarchie hat.

David erfährt alles über das dystopische Großbritannien in Gesprächen mit Personen wie Rosemary, einer wichtigen Angestellten am englischen Hofe, seinem Chef oder anderen Charakteren in den verschiedensten Situationen. Im Gegenzug berichtet David von einem utopischen Australien. In diesem Sinne haben alle Charaktere auch die Funktion, Informationen über die jeweiligen Gesellschaften zu übermitteln.

Anders als in den beiden bereits beschriebenen Romanen, weist *In the Wet* einen Cicerone auf. Rosemary ist zwar nicht ständiger Begleiter von David, jedoch ist sie oft die Vertrauensperson, welche die Vorkommnisse mit ihm gemeinsam bespricht und ihn somit in die Eigenheiten der zukünftigen englischen Gesellschaft einweist.

Die Rahmenhandlung wird in erster Person vom Priester Roger Hargreaves erzählt. Dieser erklärt auf den ersten Seiten, wie er dazu gekommen ist, dieses Erlebnis niederzuschreiben und umreißt dann kurz seinen Lebenslauf. Die restlichen Figuren der Rahmenhandlung werden grob beschrieben, erfüllen jedoch allesamt den Zweck, die bevorstehende Situation vorzubereiten. Die Binnenerzählung ist die eigentlich utopische Handlung. Jedoch stehen deren Charaktere in keinem direkten Bezug zu den Figuren der Rahmenhandlung.

Auch in *Tomorrow and Tomorrow and Tomorrow* (1947) stehen die Charaktere der Binnenerzählung in keiner Beziehung zu denen der Rahmenhandlung. Hier ist es jedoch die Rahmenhandlung, welche die utopischen Elemente enthält. Die Binnenerzählung, also Knarfs Roman, spiegelt zum größten Teil die Ereignisse wider, wie sie sich zu jener Zeit zugetragen haben könnten. Die Gründe für die Charakterisierung seiner Protagonisten erklärt Knarf selbst:

> 'I am only keeping now to the main thread, the Munsters are no more than the dominant in a large pattern [...]. A patch of fibrous, nervous tissue lifted off the pelt of the city, and other tissues clinging to it, the lorry drivers, men in pubs, [...] not described, written flatly, as I've been doing it, but in action.' (Eldershaw 1947, 89-90)

In der Beschreibung der Hauptfiguren wird deutlich, dass sie alle signifikante Typen verkörpern. So ist Harry beispielsweise der Anhänger der alten Buschtradition, welcher sich mit dem neuen, für ihn unnatürlich wirkenden Leben in der Stadt nie wirklich anfreunden kann. Im Gegensatz dazu seine Frau Ally, die dem bunten Treiben der modernen Zeiten, vor allem dem Konsumdenken, völlig verfällt. Auch die Kinder der beiden, andere Familienmitglieder und nähere Freunde lassen sich leicht kategorisieren. Keine der Figuren zeigt jedoch wirkliche Entwicklungsfähigkeit.

Bei den Hauptcharakteren der utopischen Rahmenhandlung ist eine derartig einfache Kategorisierung nicht möglich. Knarf und Ord scheinen permanent die Meinung über einander zu revidieren. Diese persönlichen Ansichten und Äußerungen der Figuren sind jedoch die einzigen Hinweise, die der Leser zu den Charakteren erhält. Auch an Knarfs veränderlicher Einstellung zu seinem Sohn lässt sich erkennen, dass er keine statische Figur ist.

Weiterhin trifft man auch in dieser utopischen Rahmenhandlung auf genügend Figuren, die ausschließlich eine Verweisungsfunktion ausführen. Gerade die Zusammenkunft im dritten Teil des Romans, *Symposium*, enthält eine Reihe derartiger Charaktere. Durch die Diskussionsrunde verschiedener Mitglieder der Gesellschaft, vom jungen Mädchen bis hin zum alten Mann, wird der Leser in die grundlegende Philosophie der zukünftigen Gesellschaft eingeführt (Eldershaw 1947, 218-34).

Ausgehend von der ursprünglichen Definition eines Cicerone, verbindet man schnell Knarf mit dieser Rolle, denn er weist seinen Freund Ord in die Eigenheiten einer ihm unbekannten Gesellschaft mit Hilfe seines Buches ein. Doch handelt es sich bei der vorgestellten Gesellschaft nicht um eine utopische Weltdarstellung, sondern um die reale Welt Anfang des 20. Jahrhunderts. An dieser Stelle wird also die generelle Umkehrung[142] des utopischen Prinzips fortgeführt. Knarf als Cicerone stammt zwar aus der alternativen Gesellschaft, jedoch erklärt er in erster Linie nicht die Eigenheiten seiner eigenen utopischen Kommune. Nur beiläufig, durch seine Ausführungen zur realen Welt, erfahren wir etwas über das utopische Konstrukt.

---

[142] vgl. hierzu auch Kapitel 6.1

Auch in *Below the Line* (1991) versorgen zahlreiche Figuren die Protagonistin und den Leser mit Informationen über die unbekannte Gesellschaft. Allerdings sind die Hintergründe zur Entstehung der Situation in Australien größtenteils geheim, was sich auch in der Vermittlung der Fakten widerspiegelt. Als Leser hat man das Gefühl, die Wahrheit über das neue Australien soll so gut es geht vor Angela verborgen werden. Auf ihren Erkundungen tappt sie lange Zeit im Dunkeln und stellt die verschiedensten Vermutungen an. Von Zeit zu Zeit vermitteln ihr unterschiedliche Charaktere Einzelheiten zu den Hintergründen. So erfährt sie von den Militärs, welche sie aus Lamburna befreien, wie die aktuelle Weltlage ist. Später in Australien verhelfen ihr vor allem ihr Ehemann, ein befreundeter Journalist oder der Geheimdienst zu Informationen. Jedoch erfährt man kaum etwas über die persönlichen Hintergründe jener Figuren. Oft wissen wir zudem nicht, inwieweit wir den Auskünften trauen können.

Ansonsten erfahren wir auch über die Figur Angela zunächst nur Bruchstücke durch Gespräche mit Mitgefangenen oder ihren Rettern. Auch ihr wird kein Cicerone an die Seite gestellt. Die zwei Freunde kann man eher als Mitstreiter betrachten, die ebenso unwissend wie Angela sind und diese auf ihrer Suche begleiten. Sind die Charaktere zu Beginn noch darauf aus, die Wahrheit zu entlarven, um Australien von der asiatischen Invasion zu befreien, verändert sich diese Ansicht zunehmend. Vor allem der Kontakt zu den Aboriginals in der Wüste bestimmt den Sinneswandel.

6.3 Konflikt Zivilisation vs. Natur

Zunächst muss an dieser Stelle auf das besondere Verhältnis der australischen Gesellschaft zur Natur eingegangen werden. Anders als in Europa entwickelte sich die Natur schnell zu einem einflussreichen Element für das Überleben in Australien. Ging man in der westlichen Kultur lange davon aus, dass der Mensch seine Umwelt nach Belieben formen kann, war im Falle Australiens schnell klar, dass das Land sehr wohl einen entscheidenden Einfluss auf die Entwicklung seiner Einwohner ausübt. Die Siedler der alten Welt waren dieser unglaublich andersartigen Landschaft ausgesetzt und die Auseinandersetzung mit jener fremden Natur spiegelt sich auch in der Literatur des Landes wider. Die lebensfeindliche, schwerlich zu beherrschende Landschaft prägte ein völlig neues Denken und der *bush*, also die Natur Australiens, wurde zu einem wiederkehrenden Element in der australischen Literatur.[143]

> The bush has been the matrix of our sentiments and ideals, symbol of a distinctive national character, and a religious mystique invoking salvation for the spirit. (Moore 1971, 19)

Diese unzähmbare australische Landschaft beeinflusste ein neues Naturverständnis, das im Konflikt mit dem Europas steht. Aufgrund des beharrlichen Strebens einiger europäischer Einwohner, welche die Zivilisation auch nach Australien bringen wollten entwickelte sich die immer noch gültige Unterscheidung zwischen australischen Städten und dem australischen Land. Man könnte es fast als eine direkte Gegenüberstellung von Zivilisation und Wildnis interpretieren. Größer konnten die Gegensätze nicht sein[144]. Ein derartiger Kontrast war in einem Europa, welches sich über Jahrhunderte langsam immer weiter 'zivilisiert' hatte, nirgendwo mehr anzutreffen[145]. Von Anbeginn des literarischen Wirkens in Australien wurde diese Gegensätzlichkeit thematisiert. (vgl. Moore 1971, 19; White 1981, 102)

Da die Thematik an sich eine Rolle in der utopischen Literatur spielt, ist es nicht verwunderlich, dass der Konflikt zwischen Zivilisation und Natur in den australischen Utopien verarbeitet wird. In *Australia 1999* (1933) ist der Großteil der zukünftigen Welt dem *New Gospel* treu. Dieser Glaube begreift sich als einzig wahre Religion und demnach

---

[143] vgl. hierzu auch Kapitel 3.1.2

[144] vgl. hierzu auch Exkurs: Aboriginals und australische Literatur (Kapitel 2.1)

[145] War man lange Zeit davon überzeugt, die fortschreitende Zivilisation sei die höchste Errungenschaft der Menschheit, gab es nun auch die Suche nach der wahren Natur des Menschen (Gibson 1984, 142). Gerade in Zeiten der Industrialisierung kam immer häufiger die Frage auf, ob die Technisierung und schließlich die Zivilisation ideal seien für die menschliche Natur: „[…] people had grown bored with the civilised life of Europe. Intellectuals had begun to idealise man in what they regarded as his 'natural' state, in which he knew nothing of the burdensome demands of civilisation" (White 1981, 10).

auch als die zivilisierte Krone der Schöpfung. Abgesehen von religiöser Perfektion sind Fortschritt und Technik allgegenwärtige Begleiter dieser neuen Gesellschaft. Kurz umrissen definiert sich das angestrebte Glück eines jeden Menschen folgendermaßen:

> No books; no newspapers; but no dullness, and no time for looking back. Mrs. Sopwith, with her astonishing apprehension of the needs of lesser minds, saw to it that in the leisure hours which twenty-eight-hour week left to mankind there should be provision for all physical and spiritual needs. (Simpson 1933, 349)

Klar definiert sind demnach die Ziele eines Menschen immer denen der Gesellschaft untergeordnet.

Im Gegensatz dazu gibt es jedoch noch Australien, welches für die Überreste der alten Welt steht, in der „chance and individuality ruled" (Simpson 1933, 346). Mehrere Religionen sind anerkannt, selbst wenn es häufig zu blutigen Auseinandersetzungen kommt. Aufgrund ihrer ständigen Flucht vor den Anhängern des *New Gospel* haben sich die Bewohner des Kontinents Australien aus den Städten zurückgezogen und leben fast ausschließlich wie Nomaden im Landesinneren. Dadurch verzichten sie auch auf die meisten technischen Vereinfachungen und haben ein sehr schlichtes Leben. Die Touristen aus der neuen Welt können nicht fassen, wie ein ehemals so glorreiches Land wie Australien dermaßen hat verfallen können und die Bewohner nicht im geringsten Interesse daran haben, ein Teil der Zivilisation zu werden. Am Ende der Reise stellten sie mit Ausnahme von Jane Cobbett fest:

> Life in this continent was altogether too much the prey of chance, and they were not amused by it. There was a murmur of agreement, and the men stretched themselves happily at the thought of warmth, food, and thought all synchronised once more. (Simpson 1933, 444)

Für die Besucher aus Emma Sopwiths Reich verbindet sich mit dem sicheren und technisierten Leben in der Neuen Welt kein großes Opfer. Der Verzicht auf historische Kenntnisse und die Fähigkeit zu lesen, wird vom Normalverbraucher an keiner Stelle in Frage gestellt. Wieder einmal sind es nur vereinzelte Personen, hier Janes Vater, welche den Verlust bemerken, jedoch nur die oberflächlichen Auswirkungen kritisieren und nicht die grundsätzliche Fragwürdigkeit ihrer Gesellschaft erfassen. Der Konflikt zwischen Zivilisation und menschlichem Individuum wird jedoch selten direkt von den Protagonisten thematisiert. An einer Stelle kommt es zu einem Streitgespräch zwischen dem Reiseführer und einem der Touristen:

> 'But what I still can't understand,' pronounced the continuity expert strongly, 'is why go back on it all? Why not have kept pace with the rest of the world and been comfortable? It will have to come, you know.'
>
> 'What will?'
>
> 'Civilisation. You can't be the only people in the world left outside.'
>
> 'We like being able to call our souls our own.'
>
> 'But they're not your own ---' (Simpson 1933, 443)

Australien liegt außerhalb jener 'gemütlichen' Zivilisation, aber die Australier besitzen noch ihre Seele. Im Gegensatz dazu haben die Einwohner der restlichen Welt der Gesellschaft ihre Seelen vermacht. An dieser Stelle erkennt man das wiederkehrende Motiv der utopischen Literatur: Eine stabile Gesellschaft verlangt ihre Opfer. Sobald uns das Opfer als zu schwerwiegend für das menschliche Individuum erscheint, empfinden wir die dargestellte alternative Welt als dystopisch.

Socialist Melbourne (1936) teilt keineswegs die Skepsis gegenüber der Zivilisation und thematisiert die Problematik ganz im Sinne der 'Naturunterwerfung' – das Land soll passend gemacht werden. Die Voraussetzungen des australischen Landes werden in keiner Weise beachtet und Wüsten sollen erschlossen und fruchtbar gemacht werden:

> With the whole resources of Socialist Australia [...], scientists are now confident of extending cultivation into vast areas of our inland still lying waste. (Gibson 1936, 40)

In diesem Sinne wird die Natur dem Menschen gefügig gemacht. Ganz in den Diensten der Gesellschaft opfert jedoch nicht nur die australische Landschaft ihre Ursprünglichkeit, sondern auch die Natur des Menschen im Speziellen wird der Gesellschaft Untertan gemacht. Ganz gemäß der Ansicht: „Certainly it is possible to 'change human nature.' […]" werden die Kinder in der Schule auf ihre zukünftige Rolle im sozialistischen Staat vorbereitet (Gibson 1936, 26).

Besonders *Tomorrow and Tomorrow and Tomorrow* (1947) beschäftigt sich mit dem Konflikt zwischen Zivilisation und Individuum. Knarf kritisiert an vielen Stellen die Unnatürlichkeit vieler Charakteristika der vermeintlichen Zivilisation in der damaligen Gesellschaft in seinem Buch, der Binnenerzählung von *Tomorrow and Tomorrow and Tomorrow*[146]. Harry Munster kann sich nicht mit der neuen technisierten, für ihn unnatürlichen Welt anfreunden. Für ihn ist die Stadt ein Grauen und er würde immer ein Leben auf dem Land vorziehen:

> A man could live off the country somehow, but not off the paved streets. He'd walk out with nothing and make his way in a world he knew. He did not know this world. It was drying up; men everywhere were doing a perish, caught in a trap. You couldn't do anything with a machine when it broke down, but out in the bush there was always something to try. (Eldershaw 1947, 113)

In der Binnenerzählung wird vor allem auf den Widerspruch eingegangen, dass die neue Konsumgesellschaft kaum mehr der Natur des Menschen entspricht. Sie ist einfach zu unnatürlich und kreiert dadurch eine häufig unbewusste Unzufriedenheit in den meisten Menschen. So empfindet Harry Unmut gegenüber jener Entwicklungen, im Gegensatz zu seiner Frau, welche völlig den Verführungen des Konsums verfällt. Allerdings vermag er die Ursachen nicht genauer zu definieren, weswegen er sich nicht der Protestbewegung anschließt. Die Binnenhandlung schildert die Ereignisse, welche letztendlich zur Gründung der zukünftigen sozialistischen Nation einleitet. Daher wird die Thematik auch in der utopischen Rahmenhandlung weiter ausgeführt. Vereinzelte Charaktere der in der Zukunft angelegten Handlung setzten sich intensiv mit der Entwicklung der Menschheit auseinander und stellen unter anderem fest:

---

[146] vgl. hierzu auch Kapitel 6.4

'[...] Having created himself a world, man has had a long uphill struggle to make it habitable. Having made artificial conditions, he has had to counter them, and he has gradually, in a slow, puzzle-headed way, worked out a way of living. [...].' (Eldershaw 1947, 219)

Diese Feststellung ist ein Rückblick, und das Australien in 400 Jahren hat diese Entwicklung hinter sich. Die Zivilisation hat gesiegt, die Menschen leben in einer technisierten und durchorganisierten Welt. Dennoch gibt es selbst in dieser Welt noch Gruppierungen, welche nicht völlig zufrieden mit der Situation und des Individuums Möglichkeiten in jener Gesellschaft sind. Wie schon 400 Jahre zuvor, scheint sich die Mehrheit der Menschen mit der Situation abgefunden zu haben, beziehungsweise interessieren sie sich nicht ausreichend für die Problematik. Diese Tendenz wird durch die gescheiterte Volksbefragung stark verdeutlicht[147]. Für kleine Gruppierungen, wie Knarfs Sohn Ren und seine Jugendbewegung, geht es jedoch genau um die wiederkehrende Frage danach, was das wahrhaft Beste für das Individuum sei. Sie hinterfragen wichtige Elemente ihrer Gesellschaft und verschaffen sich so natürlich Feinde in den herrschenden Reihen:

There were constant manipulations and adjustments; you couldn't have scientific management of human beings without it. If you admitted the system you'd have to admit that. But these romantics thought they could have one without the other, a Utopia of incompatibles. (Eldershaw 1947, 226)

Aber Ren und seine Mitstreiter akzeptieren genau dieses System nicht. Für sie erscheint das Opfer für die funktionierende Gesellschaft zu hoch und geht auf Kosten der menschlichen Natur. Jedoch gelingt es ihnen (noch) nicht, den Rest der Bevölkerung davon zu überzeugen.

In Neville Shutes Roman *In the Wet* (1953) wird der Zwiespalt zwischen Zivilisation und Natur des Menschen zu keiner Zeit direkt thematisiert. Es wird eher die Frage diskutiert, welches politische System günstiger ist für die Gesellschaft – Monarchie oder Sozialis-

---

[147] In der Wahl soll das Volk entscheiden, ob es generell mehr politisches Mitspracherecht erwünscht. Letztendlich kann die Entscheidung kaum eindeutiger ausfallen, denn 62 Prozent der Zehnten Kommune enthalten sich einer Stimme.

mus. Shute nimmt da einen klaren Standpunkt ein und begründet dies noch einmal extra in einem Nachwort:

> The Monarch is the one strong link that holds the countries of the Commonwealth together, without that link they would soon fall apart. (Shute 1953, 339)

Die höheren Bedürfnisse des Individuums sind eher zweitrangig, beziehungsweise erscheint die oberflächliche Befriedigung menschlicher Begierden als ausreichend für eine bessere Gesellschaft. In vielen Utopien, beispielsweise auch *Tomorrow and Tomorrow and Tomorrow* (1947) oder auch *Australia 1999* (1933), wird der Menschen Streben nach schlichter Genussbefriedigung verpönt. Immer mit dem Hintergedanken, dass zu viel Bequemlichkeit häufig nur eine Ablenkungstaktik ist, opfert der Mensch zudem häufig einen entscheidenden Teil seiner Individualität. In den beiden anderen Werken werden oppositionelle Bewegungen dargestellt, die sich genau gegen die oberflächliche Bequemlichkeit der Gesellschaft richten. In Shutes Roman hingegen wird eben dieser Komfort als entscheidendes Element der utopischen Gesellschaft thematisiert und demnach an keiner Stelle hinterfragt. In keinem Moment ist die Rede davon, dass die neue Gesellschaft Australiens dem Menschen zum Beispiel zu höherer Erkenntnis oder wahrer persönlicher Freiheit verhilft. Der Unterschied zwischen Briten und Australiern ist rein materieller Natur. In Australien kann jeder sein eigenes Haus bauen, während in Großbritannien aus finanziellen Gründen seit Jahren kein Haus mehr gebaut wird. Die funktionierende Marktwirtschaft scheint für Shute die einzig utopische Komponente an Australien zu sein, wie auch die Hauptfigur David auf den Punkt bringt: „'I like a place where everybody's got the chance to make a fortune and spend it, like people do at home. […]'" (Shute 1953, 80). Als weiterer Vorteil wird immer wieder auf das reiche Angebot and Speisen in Australien verwiesen.

> Like many Australian officers serving in England he found it difficult to adjust his habits of eating to the English rationing, and he went to some considerable pains to secure food from home. (Shute 1953, 89)

Die Lohnverhältnisse werden als weiterer Vorzug genannt. Natürlich bekommt David einen viele höheren Lohn als etwa sein britischstämmiger Chef. Demnach sind 'lediglich' alle Grundbedürfnisse des Menschen befriedigt.

Im Gegensatz zu allen anderen Werken wird in *Below the Line* (1991) die außerordentliche Macht der Natur betont. So wird das Land Australien sogar als der dritte Spieler im Krieg Australiens gegen Indonesien angesehen. Egal wie sehr die Zivilisation, in Form jener beiden Nationen, versucht das Land zu besiedeln, das Land ist die letzte Entscheidungsinstanz:

> 'The continent itself,' Angela said. 'It makes the choice and it always will. You are not its Chosen Ones, and neither were we.' [...] 'An old truth,' he said. 'She means the climate...drought...desert. The only people who ever successfully inhabited the inland are the Aborigines.' (Willmot 1991, 180)

Der Mensch wird ganz gemäß der Aboriginal-Philosophie als Teil der Natur betrachtet. In diesem Sinne kann es nur der Mensch sein, der sich den natürlichen Gesetzen unterwirft und niemals umgekehrt. Die aus westlicher Sicht oft als unzivilisiert eingeschätzten Aboriginals waren die Einzigen, die sich dieser Gesetzmäßigkeit unterwarfen und wurden somit zu des Kontinents Auserwählten.[148]

Solange sich die europäischen Siedler nicht den Gesetzen des Kontinents und seiner Natur unterwerfen, hat keine Gesellschaft auch nur die geringste Daseinsberechtigung. Die westliche Zivilisation ist jedoch nicht daran interessiert, den Kontinent 'im gegenseitigen Einvernehmen' zu nutzen. An verschiedenen Stellen wird deutlich, dass die Natur noch nicht ausreichend respektiert wird und der Gedanke des gleichseitigen Geben und Nehmens noch nicht im Gedankengut der europäischen Siedler verankert ist. So wurden diverse Wüstenstädte durch immensen technischen Aufwand ins Leben gerufen, wie zum Beispiel West Kitchen – eine Grenzstadt, in die Angela auf ihrer Suche gerät:

---

[148] So äußert sich Willmot: „What all aborigines find most difficult to accept in the modern world is this tendency to treat the resources of nature as something to exploit. To despoil or take from nature is to create debts with her. And nature on this continent, aborigines have learned, will demand payment in ways often brutal and far-reaching" (Zitiert in Keaton 1987, 86).

> Apparently the artesian basin below the settlement had been too highly mineralised and required too much treatment for human use. So they thrilled much deeper and eventually found water that had been locked in a rock formation created during the Triassic period or even earlier. It was indeed fossilised water, water that dinosaurs had once bathed in. There was some scientific work being done on it, but meanwhile the community at West Kitchen was drinking it, bathing in it and using it to run an underground hydroponics farm. [...] However, once used up, the water would be gone forever. (Willmot 1991, 100)

An dieser Stelle wird sehr deutlich die Einstellung der westlichen Kultur zur Natur wiedergegeben. Willmots Gegenüberstellung von Zivilisation und Natur ist damit eine Ausnahme. In den restlichen Werken wird häufig die Problematik auf die menschliche Natur bezogen, wobei das Zusammenspiel vom Menschen mit der Natur, im Sinne von Landschaft und Umwelt, häufig anders begriffen wird. So gut wie nie werden die 'Bedürfnisse' der Natur in alternative Gesellschaftsentwürfe mit einbezogen. Dass aber der Mensch Teil seiner Umwelt ist und das menschliche Wirken somit auch bedeutenden Einfluss darauf hat, wird häufig außer Acht gelassen.

6.4 Gesellschaftskritik

Wie in 6.1 geklärt, liefern die ausgewählten Werke, bis auf *Socialist Melbourne* (1936), keine detaillierten Gesellschaftsentwürfe. Schon allein aus diesem Grund würden die Texte wahrscheinlich nie als Modelle interpretiert werden und ausschließlich in ihrer ikonoklastischen Funktion wahrgenommen[149]. Doch selbst im sehr theoretischen, eher modellhaften und stark idealisierten *Socialist Melbourne* (1936) von Ralph Gibson kann man gesellschaftskritische Züge erkennen. So wird nicht etwa nur das bessere sozialistische Melbourne beschrieben, sondern auch den Eigenschaften der zeitgenössischen negativen kapitalistischen Welt gegenübergestellt.

---

[149] vgl. hierzu auch Kapitel 4.4

> Our old social system, Capitalism, has in the same period produced the two greatest wars and the greatest depression in all history. It shows every sign that it has outlived its day [...]. (Gibson 1936, 3)

Danach geht es den Menschen im Sozialismus besser, jeder Mensch bekommt was er benötigt, es gibt keine Arbeitslosigkeit und Armut mehr. Gibsons Werk liefert jedoch nur das fertige Bild, ohne die direkten Wege zu erläutern, welche eingeschlagen werden müssten, um eine, in seinen Augen perfekte Welt zu erschaffen. Vor allem aus heutiger Sicht wirkt die im Roman untergebrachte Kritik etwas naiv, denn Gibson kratzt nur an der Oberfläche seiner zeitgenössischen Gesellschaft. Keineswegs liefert *Socialist Melbourne* (1936) jedoch den beabsichtigten nachvollziehbaren oder vorstellbaren Entwurf einer alternativen Welt.

Die Autoren der restlichen Werke haben offensichtlich nie die Absicht verfolgt, ideale Gesellschaftsentwürfe zu kreieren, wie sich auch aus deren Unvollständigkeit ableiten lässt. Hier ist die Gesellschaftskritik eines der Hauptanliegen der Autoren gewesen. So kann man Helen Simpsons *Australia 1999* (1933) vor allem als eine Kritik daran ansehen, dass die Menschen oft dazu neigen, den Glauben für ihre Zwecke zu missbrauchen. Simpson äußerst sich zudem ganz direkt über sektenartige Glaubensgruppen, indem sie religiöse Führer wie Mary Baker Eddy[150] oder Aimee Semple Macpherson[151] durch ihre Figur der Emma Jordan Sopwith parodiert (Walton 2000, 67). Zwar siedelt sie die Utopie in Australien an, die Kritik bezieht sich jedoch eher auf die gesamte menschliche Gesellschaft. Australien wird lediglich als Beispiel gewählt, um den Kontrast besser herausarbeiten zu können. Es wird als das einzige Land dargestellt, in dem der Mensch die Chance hat, seiner Natur treu zu bleiben.

Die Kritik in *Tomorrow and Tomorrow and Tomorrow* (1947) ist eindeutig und wurde bereits in Kapitel 6.3 angerissen. Die Beschreibungen der

---

[150] Die Amerikanerin Mary Baker Eddy (1821-1910) war die Begründerin der *Christian Science* (Reller 2000, 286-7).
[151] Die gebürtige Kanadierin Aimee Semple MacPherson (1890-1944) war Gründerin der *Church of the Foursquare Gospel* (Betz 2002, 646).

beiden Gesellschaften beinhalten eine eindeutig negative Einstellung gegenüber dem Kapitalismus (vgl. Carter 1989, 177). Jedoch zeigen die beschriebenen Entwicklungen der in der Zukunft angelegten Rahmenhandlung, dass sich die Menschheit unabhängig vom politischen System offenbar nicht ändern kann. Eldershaws Roman verdeutlicht, dass sich das Grundproblem der Gesellschaft immer wiederholen wird. Es wird immer die breite gleichgültige Masse geben, welche sich nicht von einem möglicherweise besseren Leben, propagiert von oppositionellen Minderheiten, überzeugen lässt. Hauptkritikpunkt ist vor allem die allgemeine Gleichgültigkeit der Mehrheit. Harry Munster repräsentiert den Normalbürger, welcher zwar immer wieder an seiner Rolle und Situation in der Gesellschaft zweifelt, jedoch nicht in der Lage ist, den Ursprung seines Leidens zu definieren. Er ist genau die Sorte Mensch, die Rens Wahl scheitern lässt. In diesem Sinne stellen Rens Widersacher fest:

> 'You agreed to abide by public opinion, didn't you? There is no public opinion. You have lost your motion through indifference more surely than if a strong vote had been cast against it.' (Eldershaw 1947, 437)

In the Wet kann man ganz eindeutig als Kritik am Sozialismus verstehen. Vor allem da dieser eine Gefahr für die Monarchie darstellt[152]. In jeder Hinsicht scheint der Sozialismus den Fortbestand der britischen Gesellschaft zu gefährden. Die australische Nation geht mit gutem Beispiel voran, Großbritannien sollte nur noch folgen:

> 'You people in the Antipodes have been wiser. Perhaps it was easier for you, by reason of your economic situation. But until this country follows your example once again, as they followed it in instituting the secret ballot and in giving votes to women, I cannot see a very satisfactory future here.' (Shute 1953, 265)

Shute kritisiert eindeutig die Politik seines Heimatlandes. Für ihn waren die Entwicklungen Mitte des 20. Jahrhunderts so gravierend, dass er sogar nach Australien auswanderte. Australien hingegen wurde

---

[152] vgl. hierzu auch Kapitel 6.3

von Kritikern auf der ganzen Welt für seine Fortschrittlichkeit gepriesen. Die Elemente der australischen Gesellschaft, die damals als besonders revolutionär galten werden fast alle im Shutes Roman thematisiert[153]. Das Lohnverhältnis sowie die besseren Arbeitsverhältnisse werden von David und Rosemary diskutiert. In der gesamten Handlung wird durch die Darstellung des Aboriginal-Piloten zudem verstärkt auf die rassistische Gleichberechtigung in Australien hingewiesen. Er hatte die gleichen Chancen auf eine Ausbildung wie jeder andere Australier, und so wurde ihm die Karriere als persönlicher Pilot der Königin Großbritanniens ermöglicht.

Zwar behandeln alle Werke Elemente und Motive, welche für die australische Gesellschaft eine Bedeutung haben, jedoch ist es nur *Below the Line* (1991), welches sich ganz konkret mit den Ursachen von Konflikten innerhalb der australischen Nation auseinandersetzt. Willmot diskutiert in seinem Roman die Daseinsberechtigung der europäischen Einsiedler auf dem australischen Kontinent. Er wählt den Einstieg in die Geschichte geschickt und knüpft an die Tradition xenophobischer Invasionsliteratur an[154]. Jedoch wird mit zunehmender Erkenntnis der Hauptfigur deutlich, dass die Thematik des Buches eine ganz andere Problematik betrifft. Hofft der Leser zunächst, dass sich alles wieder zum Alten wendet und die indonesische Herrschaft über Nordaustralien beendet wird, damit Angela wieder in ihre Heimat zurückkehren kann, verändert sich diese Ansicht im Verlauf der Ereignisse sehr. Dem Leser wird mehr und mehr klar, dass die Vertreibung aus der Heimat schlichtweg dem natürlichen Lauf der Dinge entspricht und daher unvermeidbar war. Bereits als Kind hatte Angela von ihrem Vater von dieser Problematik erfahren, konnte seine Aussage „Only the Chosen Ones can stay" (Willmot 1991, 14) jedoch lange Zeit nicht einordnen. Nach der Besetzung halb Australiens

---

[153] Australien wurde weltweit gefeiert „for its traditions – its egalitarianism and casualness relative to the United States, the UK and Europe; its relative peacefulness – and historians were reflecting on the achievements in which Australia had led the world – the eight-hour day, the secret ballot, votes for women, strong trade unions, arbitration, and the basic, or minimum wage and a relatively tolerant multicultural society" (Alomes 1988, 336).

[154] vgl. hierzu auch Kapitel 3.1.4 und 3.1.5

begibt sie sich zunächst auf die Suche nach Antworten, bezüglich ihrer Gefangenschaft in Neuguinea. Jedoch entwickelt sich diese Suche zur Erkenntnisfindung in Bezug auf die Aussage des Vaters:

> 'The continent itself,' Angela said. 'It makes the choice and it always will. You are not its Chosen Ones, and neither were we. [...] The only people who ever successfully inhabited the inland are the Aborigines.' (Willmot 1991, 180)

Der gesamte Roman liefert jedoch an keiner Stelle Vorschläge, wie man dieses Problem behandeln könnte. Willmots formuliert die Kritik als eine Art Aussage: Was als fiktive Geschichte auf dem australischen Kontinent geschieht (die Invasion durch Indonesien) ist nicht richtig und wird deswegen auf Dauer nicht funktionieren. Im übertragenen Sinne kritisiert Willmot so auch die reale Besiedlung des Kontinents durch die Europäer und sieht diese ebenso zum Scheitern verurteilt.

7 Fazit

„The contemporary art, philosophy, and literature produced by post-colonial societies are in no sense continuations or simple adaptations of European models."
(Ashcroft 1989, 195)

In der vorliegenden Arbeit wurde das Ziel verfolgt, das spezifisch Australische und klassisch Utopische in australischen Utopien herauszufiltern. Anhand der ausgewählten Werke wurde zunächst deutlich, dass sich speziell australische Themen und Inhalte in den utopischen Texten etabliert haben. Dabei zeigt sich, dass die literarische Auseinandersetzung mit dem australischen Sozialismus, der Suche nach einer nationalen Identität Australiens und den xenophobischen Tendenzen Motive einer eigens australischen Literatur sind. Des Weiteren wird jedoch auch deutlich, dass der britisch-europäische Ursprung der Gesellschaft Australiens durchaus Einfluss auf die Entwicklung der australischen Literatur hat. Allein die Existenz des Genres Utopie kann als Beweis hierfür gewertet werden. Bezüglich der utopischen Merkmale in den ausgewählten Texten lassen sich Parallelen zu den klassischen Kennzeichen utopischer Literatur ziehen. Dieselbe steigende Tendenz zur narrativen Vermittlung von Texten und abnehmend flache Charakterisierung utopischer Romanfiguren, welche sich im letzten Jahrhundert in der europäischen Utopie abzeichneten, sind auch in den ausgewählten australischen Werken erkennbar. Abgesehen von dieser allgemeinen Veränderung des Genres weisen die Texte grundlegende Gemeinsamkeiten mit den klassisch utopischen Themen auf. Alle hier vorgestellten Werke thematisieren den vorherrschenden Konflikt zwischen der Zivilisation und der individuellen Natur des Menschen. Im Zusammenhang mit diesem Zwiespalt wird von den meisten australischen Autoren eine Kritik an der Gesellschaft angebracht – eine der vorrangigen Funktionen utopischer Literatur.

Literaturverzeichnis

Primärliteratur

ELDERSHAW, M. BARNARD. *Tomorrow and Tomorrow and Tomorrow.* (Unzensierte Version) London: Virago, 1983 (1947).

GIBSON, RALPH. *Socialist Melbourne.* Melbourne: International Bookshop, 1951 (1936).

SHUTE, NEVIL. *In the Wet.* New York: William Morrow, 1953.

SIMPSON, HELEN. *The Woman on the Beast.* London: William Heinemann, 1933.

WILLMOT, ERIC. *Below the Line.* Sydney: Hutchinson Australia, 1991.

Sekundärliteratur

ALBINSKI, NAN BOWMAN. A Survey of Australian Utopian and Dystopian Fiction. In: *Australian Literary Studies* 13.1 (1987), 15-28.

ALOMES, STEPHEN. *A Nation at Last? The Changing Character of Australian Nationalism 1880-1988.* North Ryde: Angus and Robertson, 1988.

ARMBRUSTER, CHRISTOPH. *The Search for Meaning in the Australian Novel.* Frankfurt Main: Peter Lang, 1991.

ASHCROFT, BILL, GARETH GRIFFITHS AND HELEN TIFFIN. *The Empire Writes Back – Theory and Practice in Post-colonial Literatures.* London: Routledge, 1989.

ATTEBERY, BRIAN. Aboriginality in Science Fiction. In: *Science Fiction Studies* 32.3 (2005), 385-404.

BARNARD, MARJORIE. How 'Tomorrow and Tomorrow' Came to Be Written. In: *Meanjin* 29.3 (1970), 328-30.

BEILHARZ, PETER. Australian Civilization and Its Discontents. In: *Thesis Eleven* 64 (2001), 65-76.

BEILHARZ, PETER. Australia – The Unhappy Country, or, A Tale of Two Nations. In: *Thesis Eleven* 82 (2005), 73-87.

BENNETT, BRUCE. Australian Literature and the Universities. In: *Melbourne Studies in Education* (1976), 106-56.

BETZ, HANS DIETER, DON S. BROWNING, BERND JANOWSKI UND EBERHARD JÜNGEL (Hrsg.). *Religion in Geschichte und Gegenwart – Handwörterbuch für Theologie und Religionswissenschaft, Band 5.* (4. Auflage) Tübingen: Mohr Siebeck, 2002.

BIRD, DELYS. New Narrations – Contemporary Fiction. In: Webby, Elisabeth (Hrsg.). *The Cambridge Companion to Australian Literature.* Cambridge: Cambridge University Press, 2000, 183-208.

BLIGHT, D.G. Introduction. In: Grant, Don und Graham Seal (Hrsg.). *Australia in the World – Perceptions and Possibilities, Papers from the 'Outside Images of Australia' Conference, Perth, 1992.* Perth: Black Swan Press, 1993, 3-8.

BODE, CHRISTOPH. *Aldous Huxley – 'Brave New World'.* (2. Auflage) München: Fink, 1993.

BÖKER, UWE UND CHRISTOPH HOUSWITSCHKA (Hrsg.). *Einführung in das Studium der Anglistik und Amerikanistik.* München: Beck, 2000.

BRAWLEY, SEAN. 'An Iron Curtain Canberra Style' – Asian Perceptions of the White Australia Policy. In: Grant, Don und Graham Seal (Hrsg.). *Australia in the World – Perceptions and Possibilities, Papers from the 'Outside Images of Australia' Conference, Perth, 1992.* Perth: Black Swan Press, 1993, 255-62.

BUCKLEY, VINCENT. Utopianism and Vitalism in Australian Literature. In: *Quadrant* 3.2 (1959), 39-51.

BURNS, ROBERT. Flux and Fixity – M. Barnard Eldershaw's 'Tomorrow and Tomorrow'. In: *Meanjin* 29.3 (1970), 320-7.

CARROLL, DENNIS. *Australian Contemporary Drama*. Sydney: Currency Press, 1995.

CARTER, DAVID. 'Current History Looks Apocalyptic' – Barnard Eldershaw, Utopia and the Literary Intellectual, 1930s-1940s. In: *Australian Literary Studies* 14.2 (1989), 174-88.

CARTER, DAVID. Good Readers and Good Citizens – Literature, Media and the Nation. In: *Australian Literary Studies* 19.2 (1999), 136-51.

CARTER, DAVID. Past and Future. In: Nile, Richard (Hrsg.). *The Australian Legend and Its Discontents*. St Lucia: University of Queensland Press, 2000, 59-77.

CASTRO, BRIAN. Making Oneself Foreign. In: *Meanjin* 62.4 (2005), 4-14.

CHISHOLM, ANNE. Introduction. In: Eldershaw, M. Barnard. *Tomorrow and Tomorrow and Tomorrow*. London: Virago, 1983 (1947).

CLANCY, LAURIE. *A Reader's Guide to Australian Fiction*. Oxford: Oxford University Press, 1992.

CROFT, JULIAN. Norway, Nevil Shute (1899 - 1960). In: Ritchie, John (Hrsg.). *Australian Dictionary of Biography, Band 15*. Melbourne: Melbourne University Press, 2000, 498-9.

CURRAN, JAMES. The 'Thin Dividing Line' – Prime Ministers and the Problem of Australian Nationalism, 1972 – 1996. In: *Australian Journal of Politics and History* 48.4 (2002), 469-86.

DALE, LEIGH. New Directions – Introduction. In: *Australian Literary Studies* 19.2 (1999), 131-5.

DEL BUFFA, SACCARO G. Utopian Communities. In: Fortunati, Vita und Raymond Trousson (Hrsg.). *Dictionary of Literary Utopias*. Paris: Honoré Champion, 2000, 643-6.

DEVER, MARYANNE. 'No Mine and Thine but Ours' – Finding 'M. Barnard Eldershaw'. In: *Tulsa Studies in Women's Literature* 14 (1995), 65-75.

DEVER, MARYANNE. The Bonds of Friendship – The Demise of 'M. Barnard Eldershaw'. In: *Hecate* 30.2 (2004), 129-47.

DIETZ, FRANK. *Kritische Träume – Ambivalenz in der Amerikanischen Utopie nach 1945*. Meitingen: Corian, 1987.

FAVENC, ERNEST. *The History of Australian Exploration – From 1788 to 1888*. Amsterdam: Meridian, 1967.

FEHLNER, GERT. *Literarische Utopien als Reflexion und Kritik Amerikanischer Wirklichkeit - Ausgewählte Beispiele seit den 60er Jahren*. Meitingen: Corian, 1989.

FORTUNATI, VITA. Utopia as a Literary Genre. In: Fortunati, Vita und Raymond Trousson (Hrsg.). *Dictionary of Literary Utopias*. Paris: Honoré Champion, 2000, 634-43.

GALLIGAN, BRIAN, Winsome Roberts und Gabriella Trifiletti. *Australians and Globalisation – The Experience of Two Centuries*. Cambridge: Cambridge University Press, 2001.

GIBSON, ROSS. *The Diminishing Paradise – Changing Literary Perceptions of Australia*. Sydney: Sirius, 1984.

GRANT, DON UND GRAHAM SEAL (Hrsg.). *Australia in the World – Perceptions and Possibilities, Papers from the 'Outside Images of Australia' Conference, Perth, 1992*. Perth: Black Swan Press, 1993.

GRATTAN, HARTLEY C. Notes on Australian Cultural History. In: *Meanjin* 33.3 (1974), 232-42.

GUNGWU, WANG. The Australia Asians Might Not See. In: Grant, Don und Graham Seal (Hrsg.). *Australia in the World – Perceptions and Possibilities, Papers from the 'Outside Images of Australia' Conference, Perth, 1992.* Perth: Black Swan Press, 1993, 233-8.

HASSALL, ANTHONY J. Australian Literary Criticism – Future Directions. In: *Australian Literary Studies* 20.1 (2001), 88-93.
HESELTINE, H.P. Australian Image – (1) The Literary Heritage. In: *Meanjin* 21 (1962), 35-49.

HIBINO, SHOZOL. Using Breakthrough Thinking to Create a Caring Society and an Authentic Australia for 2001. In: *Social Alternatives* 10.2 (1991), 15-6.

HOFMEISTER, BURKHARD. Der Lagewert Australiens im Laufe seiner Geschichte. In: Bader, Rudolf (Hrsg.). *Australien auf dem Weg ins 21. Jahrhundert – Bilanzen, Standortbestimmungen, Visionen*. Tübingen: Stauffenburg, 2000, 13-26.

HORNE, DONALD. The Death of the Dinkum Aussie. In: Grant, Don und Graham Seal (Hrsg.). *Australia in the World – Perceptions and Possibilities, Papers from the 'Outside Images of Australia' Conference, Perth, 1992.* Perth: Black Swan, 1993, 11-6.

JACOBSON, LISA. The Ocker in Australian Drama. *Meanjin* 49.1 (1990), 137-47.

JOUSSEN, ULLA. The Institutional Mediation of Australian Literature in Western Europe. In: *Australia in the World – Perceptions and Possibilities, Papers from the 'Outside Images of Australia' Conference, Perth, 1992.* Perth: Black Swan, 1993, 124-8.

KAMENKA, EUGENE. Socialism and Utopia. In: Kamenka, Eugene (Hrsg.). *Utopias – Papers from the Annual Symposium of the Australian*

Academy of the Humanities. Melbourne: Oxford University Press, 1987, 69-82.

KEATON, KATHY. Australian Educator – Interview with Eric Willmot. In: *Omni* 9.9 (1987), 81-92, 132.

KELABORA, LAMBERT. The Problem of Images in Australian Relations with Southeast Asia, with Particular Reference to Indonesia. In: Grant, Don und Graham Seal (Hrsg.). *Australia in the World – Perceptions and Possibilities, Papers from the 'Outside Images of Australia' Conference, Perth, 1992.* Perth: Black Swan, 1993, 363-372.

KENEALLY, THOMAS. The World's Worse End. In: *Caliban* 14 (1977), 81-9.

KLUGE, WALTER. Sozialismus und Utopie im späten 19. Jahrhundert. In: Pfister, Manfred (Hrsg.). *Alternative Welten.* München: Wilhelm Fink, 1982, 197-215.

KOPPENFELS, WERNER VON. Mundus Alter et Idem. Utopiefiktion und Menippeische Satire. In: *Poetica* 13 (1981), 16-66.

LEDGER, A. S. *Australian Socialism – An Historical Sketch of Its Origin and Developments.* London: Macmillan, 1909.

LOGAN, GEORGE M. UND ROBERT M. ADAMS (Hrsg.). Introduction. In: *Cambridge Texts in the History of Political Thought – Thomas More, Utopia.* Cambridge: Cambridge University Press, 1989; xi-xxviii.

MAACK, ANNEGRET. Die Viktorianer und die Antipoden – Die Terra Australis als Utopie. In: *Modernisierung und Literatur – Festschrift für Hans Ulrich Seeber.* Tübingen: Gunter Narr, 2000, 279-88.

MAACK, ANNEGRET. Das Australien der Zukunft – Utopische Projektionen des 19. und 20. Jahrhunderts. In: Bader, Rudolf (Hrsg.). *Australien auf dem Weg ins 21.Jahrhundert – Bilanzen, Standortbestimmungen, Visionen.* Tübingen: Stauffenburg, 2000, 249-68.

MAACK, ANNEGRET. Geschichte(n) von der Zukunft Australiens – „Exploratory Fiction" von Rodney Hall, George Turner und Damien Broderick. In: Pordzik, Ralph und Hans Ulrich Seeber (Hrsg.). *Utopie und Dystopie in den Neuen Englischen Literaturen*. Heidelberg: Universitätsverlag C. Winter, 2002, 91-108.

MACKAY, HUGH. *Turning Point – Australians Choosing their Future*. Sydney: Macmillan, 1999.

MEANEY, NEVILLE. Britishness and Australian Identity – The Problem of Nationalism in Australian History and Historiography. In: *Australian Historical Studies* 116 (2001), 67-90.

MILNE, JOHN. Overcoming Australia's Regional Image Problem – A Personal View. In: Grant, Don und Graham Seal (Hrsg.). *Australia in the World – Perceptions and Possibilities, Papers from the 'Outside Images of Australia' Conference, Perth, 1992*. Perth: Black Swan Press, 1993, 283-90.

MINERVA, NADIA. Travel Literature. In: Fortunati, Vita und Raymond Trousson (Hrsg.). *Dictionary of Literary Utopias*. Paris: Honoré Champion, 2000, 614-6.

MONASH UNIVERSITY. Socialist Melbourne by Ralph Gibson. *Monash University Library* (2005) http://www.lib.monash.edu/exhibitions/communism/com087.html (Datum des Zugriffs: 10.09.2006).

MOORE, T. I. *Social Patterns in Australian Literature*. London: Angus and Robertson, 1971.

MOORE, TOD AND JAMES WALTER. State Socialism in Australian Political Thought: A Reconsideration. In: *Australian Journal of Politics and History* 52.1 (2006), 13-29.

MORGAN, PATRICK. My Country Large or Small. In: *Quadrant* 34.3 (1956), 30-6.

MULLIGAN, MARTIN. Whose Party is it anyway? On the Origins and Character of the Australian Labor Party. In: *Social Alternatives* 10.3 (1991), 49-51.

MYERS, DAVID AND SHOZO HIBINO. Cross-Cultural Communication between Japan and Australia – The Responses of Japanese Students and Managers to Central Queensland Culture and Lifestyle, 1989-1992. In: Grant, Don und Graham Seal (Hrsg.). *Australia in the World – Perceptions and Possibilities, Papers from the 'Outside Images of Australia' Conference, Perth, 1992.* Perth: Black Swan Press, 1993, 338-48.

NILE, RICHARD. Introduction. In: Nile, Richard (Hrsg.). *The Australian Legend and Its Discontents.* St Lucia: University of Queensland Press, 2000, 1-7.

O'DONOGHUE, LOIS. Creating Authentic Australia's for 2001 – An Aboriginal Perspective. In: *Social Alternatives* 10.2 (1991), 19-22.

OSWALD, FRANZ. Das Ende der 'Gekrönten Republik' – Ist Australiens Nationale Identität Unvereinbar mit der Monarchie? In: Bader, Rudolf (Hrsg.). *Australien auf dem Weg ins 21.Jahrhundert – Bilanzen, Standortbestimmungen, Visionen.* Tübingen: Stauffenburg, 2000, 167-85.

PATRICK, J. MAX. Iconoclasm – The Complement of Utopianism. In: *Science Fiction Studies* 3.2 (1976), 157-61.

PFISTER, MANFRED UND MONIKA LINDNER. Alternative Welten – Ein Typologischer Versuch zur Englischen Literatur. In: Pfister, Manfred (Hrsg.). *Alternative Welten.* München: Wilhelm Fink, 1982, 11-38.

POPPENBEEK, PATSY. Inside Images by Outsiders – Stereotypes of and by both Black and White Australians. In: Grant, Don und Graham Seal (Hrsg.). *Australia in the World – Perceptions and Possibilities, Papers from the 'Outside Images of Australia' Conference, Perth, 1992.* Perth: Black Swan Press, 1993, 34-9.

PORDZIK, RALPH. *The Quest for Postcolonial Utopia – A Comparative Introduction to the Utopian Novel in the New English Literatures.* New York: Peter Lang, 2001.

PORDZIK, RALPH. Utopischer und Post-utopischer Diskurs in den Neuen Englischsprachigen Literaturen. In: Pordzik, Ralph und Hans Ulrich Seeber (Hrsg.). *Utopie und Dystopie in den Neuen Englischen Literaturen.* Heidelberg: Universitätsverlag C. Winter, 2002, S. 9-26.

PRIEßNITZ, HORST. 'A New Britannia in Another World' oder 'A Barbarous Britain under Other Skies'. In: *Poetica* 12.2 (1980), 204-26.

PRIEßNITZ, HORST. Was ist 'Koloniale' Literatur? Vorüberlegungen zu einem Intertextuellen Historiographischen Modell am Beispiel der Anglo-Australischen Literatur. In: *Poetica* 19.1 (1987), 56-87.

PRIEßNITZ, HORST. The Hope of 'Something Better' – Literarische Manifestationen des 'Australian Dream'. In: *Literatur in Wissenschaft und Unterricht* 25.4 (1992), 353-76.

PRIEßNITZ, HORST. Why Australia? Or Against the Fragmentation of English Literary Studies. In: *Australian Literary Studies* 19.3 (2000), 306-12.

PRIEßNITZ, HORST. Konstruktionspläne für ein Sozialistisches Paradies – William Lanes 'The Workingman's Paradise' (1892). In: Pordzik, Ralph und Hans Ulrich Seeber (Hrsg.). *Utopie und Dystopie in den Neuen Englischen Literaturen.* Heidelberg: Universitätsverlag C. Winter, 2002, 45-72.

RELLER, HORST, HANS KRECH UND MATTHIAS KLEIMINGER (Hrsg.). *Handbuch – Religiöse Gemeinschaften und Weltanschauungen.* (5. Auflage) Gütersloh: Gütersloher Verlagshaus, 2000.

ROBERTS, ALAN. Simpson, Helen de Guerry (1897 - 1940). In: Serle, Geoffrey (Hrsg.). *Australian Dictionary of Biography, Band 11.* Melbourne: Melbourne University Press, 1988, 611-2.

ROE, JILL. The Historical Imagination and Its Enemies – M. Barnard Eldershaw's Tomorrow and Tomorrow and Tomorrow. In: *Meanjin* 43.3 (1984), 241-251.

SARGENT, LYMAN TOWER. Utopia – The Problem of Definition. In: *Extrapolation* 16.2 (1975), 137-48.

SARGENT, LYMAN TOWER. Bibliographies. Australian Utopian Literature – An Annotated, Chronological Bibliography 1667-1999. In: *Utopian Studies* 10.2 (1999), 138-173.

SAUNDERS, IAN. The Texts of 'Tomorrow and Tomorrow and Tomorrow' – Author, Agent, History. In: *Southern Review* 26.2 (1999), 239-261.

SCHAFFELD, NORBERT. A Future with a Past - Historische und Ideengeschichtliche Grundlagen des 'Australian Dream' und seine Spiegelung in der Literatur. Trier: Wissenschaftlicher Verlag Trier, 1997.

SCHAFFELD, NORBERT. Catherine Helen Spence und der Utopische Roman in Australien am Ende des 19. Jahrhunderts. In: Pordzik, Ralph und Hans Ulrich Seeber (Hrsg.). *Utopie und Dystopie in den Neuen Englischen Literaturen*. Heidelberg: Universitätsverlag C. Winter, 2002, 73-90.

SCHULTE-MIDDELICH, BERND. Möglichkeiten Utopischen Denkens – Das Erbe Platons. In: Pfister, Manfred (Hrsg.). *Alternative Welten*. München: Wilhelm Fink, 1982, 39-63.

SCHULZ, JOACHIM. *Geschichte der Australischen Literatur*. München: Max Hueber, 1960.

SEEBER, HANS ULRICH. Wandlungen der Form in der Literarischen Utopie – Studien zur Entfaltung des Utopischen Romans in England. Göppingen: Alfred Kümmerle, 1970.

SIAGAN, SABAM P. The Real Problem – How Do Australians See Themselves? In: Grant, Don und Graham Seal (Hrsg.). *Australia in the World – Perceptions and Possibilities, Papers from the 'Outside Images of Australia' Conference, Perth, 1992.* Perth: Black Swan Press, 1993, 350-5.

SPATE, O. H. K. The Pacific – Home of Utopias. In: Kamenka, Eugene (Hrsg.). *Utopias – Papers from the Annual Symposium of the Australian Academy of the Humanities.* Melbourne: Oxford University Press, 1987, 20-34.

SPIES, MARION. Religiöse Utopien und Dystopien in der Literatur Australiens. In: Bader, Rudolf (Hrsg.). *Australien auf dem Weg ins 21.Jahrhundert – Bilanzen, Standortbestimmungen, Visionen.* Tübingen: Stauffenburg, 2000, 223-47.

STEPHENSON, P.R. The Foundations of Culture in Australia – An Essay towards National Self-respect (1935). In: Barnes, John (Hrsg.). *The Writer in Australia – A Collection of Literary Documents (1856-1964).* London: Oxford University Press, 1969, 204-44.

STILZ, GERHARD. Nationalism before Nationhood – Overseas Horizons in Debates of the 1880s. In: *Australian Literary Studies* 14.4 (1990), 476-99.

TRAINOR, LUKE. *British Imperialism and Australian Nationalism – Manipulation, Conflict and Compromise in the Late Nineteenth Century.* Cambridge: Cambridge University Press, 1994.

VAN TOORN, PENNY. Indigenous Texts and Narratives. In: Webby, Elisabeth (Hrsg.). *The Cambridge Companion to Australian Literature.* Cambridge: Cambridge University Press, 2000, 19-49.

WALTON, ROBYN. "Australia, 1999". In: Fortunati, Vita und Raymond Trousson (Hrsg.). *Dictionary of Literary Utopias.* Paris: Honoré Champion, 2000, 67.

WANDS, JOHN MILLAR (Hrsg.). *Another World and Yet the Same – Bishop Joseph Hall's 'Mundus Alter et Idem'.* New Haven: Yale University Press, 1981.

WARD, STUART. Fellow Britons? In: *Meanjin* 63.3 (2004), 56-64.

WEBB, JANEEN. A Literary Foment – Australian Science Fiction Now. In: *Science Fiction Studies* 27.1 (2000), 114-8.

WEBBY, ELISABETH (Hrsg.). *The Cambridge Companion to Australian Literature*. Cambridge: Cambridge University Press, 2000.

WEBBY, ELISABETH. Colonial Writers and Readers. In: Webby, Elisabeth (Hrsg.). *The Cambridge Companion to Australian Literature*. Cambridge: Cambridge University Press, 2000, 50-73.

WHITE, RICHARD. *Inventing Australia – Images and Identity 1688-1980*. Sydney: George Allen and Unwin, 1981.

WILDING, MICHAEL. Australian Literary and Scholarly Publishing in Its International Context. In: *Australian Literary Studies* 19.1 (1999), 57-69.

WISSENSCHAFTLICHER RAT DER DUDENREDAKTION (Hrsg.). *Duden – Das Große Fremdwörterbuch*. (2. Auflage) Mannheim: Dudenverlag, 2000.

WOOLCOTT, RICHARD. Advance Australia Where? The Continuing Search for an Australian Identity and for Our Place in a Changing World. In: Grant, Don und Graham Seal (Hrsg.). *Australia in the World – Perceptions and Possibilities, Papers from the 'Outside Images of Australia' Conference, Perth, 1992*. Perth: Black Swan Press, 1993, 17-21.

YU, OUYANG. Australian Invention of Chinese Invasion – A Century of Paranoia, 1888-1988. In: *Australian Literary Studies* 17.1 (1995), 74-84.